BIBLIOTHÈQUE INTERNATIONALE & DIPLOMATIQUE

XXVIII

ÉTUDES

DE

DROIT INTERNATIONAL

DU MÊME AUTEUR :

L'arbitrage international dans le passé, le présent et l'avenir, ouvrage couronné par la Faculté de droit de Paris (Prix Sturdy), précédé d'une lettre par M. Ch. Giraud, membre de l'Institut, et d'un extrait du rapport fait à la Faculté de droit de Paris par M. Lyon-Caen, professeur agrégé à la Faculté de droit de Paris. — Paris, Durand et Pedone-Lauriel, in-8, 1877.

La guerre continentale et la propriété. — Paris, Durand et Pedone-Lauriel, 1877.

Un essai de réforme administrative en Algérie. — Paris, Berger-Levrault, br. grand in-8, 1881.

Les certificats d'études spéciales en Algérie. — Paris, Berger-Levrault, br. grand in-8, 1884.

Condition de l'individu né en France de parents étrangers d'après le Code civil et d'après la proposition de loi sur la nationalité. — Paris, Berger-Levrault, br. grand in-8, 1887.

BIBLIOTHÈQUE INTERNATIONALE & DIPLOMATIQUE

XXVIII

ÉTUDES

DE

DROIT INTERNATIONAL

PAR

E. ROUARD DE CARD

Professeur agrégé à la Faculté de Droit de Toulouse

PARIS

A. DURAND ET PEDONE-LAURIEL, ÉDITEURS

LIBRAIRES DE LA COUR D'APPEL ET DE L'ORDRE DES AVOCATS

G. PEDONE-LAURIEL Successeur

13, RUE SOUFFLOT, 13

1890

A M. LOUIS RENAULT

PROFESSEUR A LA FACULTÉ DE DROIT DE PARIS

ET A L'ÉCOLE LIBRE DES SCIENCES POLITIQUES

Vous qui m'avez initié à la science du droit international, veuillez recevoir la dédicace de ce livre comme témoignage de ma reconnaissance.

E. R. DE C.

PRÉFACE

———

Les études que j'ai réunies en ce volume ont été publiées à diverses époques et dans plusieurs Revues[1]. Si elles ne sont pas exemptes de certaines imperfections, elles ont du moins le mérite de présenter, sous une forme synthétique, des notions jusqu'alors éparses. Aussi j'estime que les théoriciens et les praticiens peuvent en tirer quelque profit. C'est même cette considération qui m'a déterminé à les grouper après les avoir, par de nombreuses retouches et par de notables additions, accommodées aux besoins et aux idées de l'heure présente[2].

———

1. *Revue générale d'administration* (Berger-Levrault). — *Revue générale du droit, de la législation et de la jurisprudence* (Ernest Thorin). — *Journal du droit international privé* (Marchal et Billard). — *France judiciaire* (Pedone-Lauriel).

2. Les opuscules relatifs à la *Naturalisation en Algérie* et aux *Indigènes musulmans de l'Algérie dans les assemblées locales* ont été rangés parmi les études de droit international parce qu'ils ont pour but de déterminer les effets juridiques d'une conquête.

Une pareille publication doit-elle être approuvée? Quelques-uns pourront le penser, mais le plus grand nombre sera d'un avis opposé. En France, généralement, on fait un accueil peu favorable aux simples monographies : les traités généraux sont seuls considérés comme dignes d'estime. Or, cette tendance a eu, je le crois, un fâcheux résultat ; elle a retardé chez nous les progrès de la science juridique. Au point où se trouvent les connaissances humaines, j'estime que vouloir embrasser toute une branche du Droit, c'est s'exposer à faire une œuvre défectueuse. De deux choses l'une : où l'on voudra accomplir seul un travail si considérable et alors l'on sera condamné à ne rien approfondir ; où l'on s'adjoindra des collaborateurs et alors on risquera de mettre au jour une lourde compilation dénuée de toute originalité. Dans tous les cas, le profit pour le lecteur sera absolument nul.

Et par là s'explique cette observation qu'ont souvent faite devant moi des personnes instruites : « Voulant « résoudre une difficulté, nous avons, disaient-elles, consulté « divers ouvrages, mais nous n'avons pu en tirer aucun « renseignement utile. Tous semblaient copiés les uns sur « les autres : c'était toujours la même série de questions « examinées avec une méthode unique ».

Quelque douloureuse que soit cette constatation, il faut reconnaître que ces critiques sont en partie fondées. Dans

ces dernières années, de nombreux et gros volumes sont
venus encombrer les bibliothèques sans apporter rien de
nouveau. Nous pensons que leurs auteurs auraient rendu
plus de services au public et à eux-mêmes en écrivant
des opuscules sur des sujets non encore explorés. Ils
auraient ainsi trouvé l'occasion d'exposer leurs rues personnelles et de contribuer dans une certaine mesure à
l'avancement de la science.

E. ROUARD DE CARD.

Limoges, 9 octobre 1889.

DE L'ÉCHANGE

DES ACTES DE L'ÉTAT CIVIL ENTRE NATIONS

PAR LA VOIE DIPLOMATIQUE.

Chaque individu peut avoir dans la société et dans la famille des qualités diverses auxquelles sont attachés des droits considérables et des devoirs nombreux. L'ensemble de ces qualités constitue l'état civil qui, commençant avec la vie et finissant avec la mort, est susceptible de subir, dans l'intervalle entre ces deux époques extrêmes, de graves modifications. Trois événements : naissance, mariage et décès, exercent une grande influence sur la condition juridique de chaque personne, et, à ce titre, doivent être constatés soigneusement [1]. Des motifs d'intérêt

---

[1]. Nous ne parlons pas de la reconnaissance d'un enfant naturel et de l'adoption qui, se rapportant d'une façon intime aux trois événements cités, n'ont pas besoin d'être spécialement indiquées quand il s'agit de définir les actes de l'état civil.

général et de bon ordre commandent d'enregistrer ces faits, qui présentent une importance facile à saisir. D'abord, l'autorité publique doit connaître ceux qui, vivant au sein de l'État, veulent être protégés et sont en retour astreints à certaines obligations. En outre, il importe que chacun ait le moyen d'établir à tout instant sa situation exacte et qu'il puisse, de son côté, traiter avec les tiers en parfaite sécurité. De là la théorie des actes de l'état civil qui se retrouve dans presque toutes les législations des pays modernes et qui, en France, a reçu son entier développement [1]. Le Code civil, en effet, a tracé en cette matière des règles minutieuses; il s'est préoccupé de la rédaction des actes et de la tenue des registres en prescrivant des formalités très détaillées [2].

Dans le cours normal des choses, la preuve de l'état civil de chaque personne sera fidèlement conservée et pourra être aisément produite. Grâce à ce système ingénieux, en peu de temps et avec peu de frais, on pourra connaître tout ce qu'on aura intérêt à savoir. Mais des circonstances accidentelles peu-

---

[1]. Voyez *Manuel des actes de l'état civil*, par MM. Joseph CRÉPON et Ernest LEHR, p. 234 et suiv.

[2]. On a même songé, dans ces dernières années, à établir des livrets d'état civil. Voyez en ce sens une proposition de loi sur l'obligation du casier civil déposée sur le bureau de la Chambre des députés par M. Joseph Morel. Chambre des députés, session ordinaire de 1887. Annexe n° 1543.

vent troubler les prévisions de la loi et rendre insuffisantes ses dispositions. A notre époque notamment,
où les moyens de transport devenus plus rapides et
les relations commerciales rendues plus fréquentes
augmentent dans une proportion sans cesse crois-
sante le nombre des voyages, combien de nationaux
quittent leur patrie et vont s'établir avec leur famille
à l'étranger! Parmi ces Français qui résident dans
les diverses contrées du monde, des naissances, des
mariages et des décès vont se produire. Le législateur a porté son attention sur ce point et il a organisé
pour ces hypothèses un système spécial.

D'après les articles 47 et 48 du Code, les actes de
l'état civil concernant des Français qui se trouvent
en pays étranger peuvent être reçus soit par les
agents diplomatiques ou consulaires français, soit
par les autorités étrangères désignées à cet effet [1].
Mais ces actes ainsi dressés en pays étranger, comment seront-ils connus en France? Comment les personnes intéressées vont-elles se procurer les renseigne-

---

1. La compétence des agents diplomatiques ou consuls français
est-elle restreinte aux actes qui concernent uniquement leurs nationaux? C'est une question vivement discutée en théorie et en
pratique. L'affirmative prévaut en jurisprudence. Voyez Cass.,
10 août 1819. D. A. T. 1, v° acte de l'état civil, 355. — Paris, 6 avril
1869. Sir. 1870, II, 178. — Trib. Seine, 16 avril 1869. Gaz. des Trib.,
5 juin 1869.

ments relatifs à l'état civil d'un Français qui a habité longtemps chez une autre nation? C'est là une question très grave, dont la solution intéresse au plus haut degré le droit public et le droit privé. Qu'il s'agisse, en effet, de l'ouverture ou de l'extinction des droits, de la capacité nécessaire pour contracter, de l'accomplissement des charges légales, il faut toujours consulter l'individualité et l'âge de la personne. Surtout au point de vue du recrutement militaire, il est indispensable que l'état civil de chaque citoyen soit porté à la connaissance de l'autorité. Les lois postérieures à 1871 [1], en posant le principe du service personnel, ont appelé dans les rangs de l'armée active et des réserves tout Français depuis l'âge de vingt ans jusqu'à celui de quarante ans, et même actuellement jusqu'à celui de quarante-cinq ans [2]. Dans ce but, elles ont enjoint aux maires de dresser chaque année les tableaux de recensement des jeunes gens ayant atteint l'âge de vingt ans révolus et domiciliés dans le canton, d'après les déclarations faites ou d'après les registres de l'état civil [3]. Or, si les actes

---

1. Loi du 27 juillet 1872. — Loi du 15 juillet 1889.

2. Articles 1 et 3 de la loi du 27 juillet 1872. — Articles 1 et 2 de la loi du 15 juillet 1889.

3. Article 8 de la loi du 27 juillet 1872. — Article 10 de la loi du 15 juillet 1889.

de naissance qui ont été reçus à l'étranger doivent rester cachés à tous les regards, n'est-il pas à craindre qu'un moyen ne soit ainsi offert d'échapper à des charges souvent fort lourdes? La pratique a révélé de fâcheux abus qu'une législation bien faite ne peut tolérer. Des femmes voulant soustraire leurs enfants aux exigences de la loi militaire vont faire leurs couches dans les États voisins de nos frontières et font constater les naissances suivant les formes usitées dans le pays. Dès lors, on comprend que l'inscription d'un grand nombre de Français sur les listes des contingents annuels devient très difficile ou pour mieux dire impossible.

Pour éviter tous ces inconvénients et pour déjouer toutes ces fraudes, il faut que les actes de l'état civil reçus à l'étranger et concernant nos nationaux soient nécessairement communiqués à l'Administration française. Mais comment pourra-t-on obtenir un résultat si désirable? Par quels procédés va-t-on assurer la transmission régulière de documents si précieux? C'est là un problème qui, dans la pratique, s'est présenté avec de grandes complications et qui n'a été résolu définitivement qu'après de longs tâtonnements. Nous nous proposons dans cette étude d'indiquer les différentes étapes qui ont été parcourues. Nous examinerons successivement quelle fut la théorie du Code civil et quels progrès ont été ensuite accomplis dans cette voie.

CHAPITRE I

Système du Code civil sur la transmission des actes de l'état civil dressés à l'étranger et concernant des Français.

Le législateur de 1804 avait tracé les règles à suivre pour la rédaction des actes de l'état civil des Français en pays étranger, mais il avait laissé dans son œuvre une lacune considérable. Il n'offrait, en effet, au public que des moyens très imparfaits pour apprendre des événements qui s'étaient accomplis au loin. S'agissait-il de naissances ou de décès, ces faits si importants au point de vue juridique ne pouvaient être connus en France, car ils n'étaient pas relatés sur les registres de l'état civil.

Lors des travaux préparatoires, cette imperfection de la loi avait frappé l'esprit de quelques jurisconsultes. Sur l'article 13 du projet (art. 47), M. Tronchet avait proposé d'ajouter la disposition suivante : « Les « actes faits en pays étranger seront reportés sur les « registres tenus en France. » Il s'appuyait sur cette considération que ces registres devaient contenir tout ce qui concernait l'état civil des Français. M. Bigot-Préameneu, s'associant à cette pensée, demanda « si l'omission de cette formalité opérerait « nullité de l'acte ». A cela, M. Tronchet répondit négativement, mais il insista sur l'utilité qu'il y avait à prescrire la transcription. L'idée semblait être favorablement accueillie, lorsque M. Berlier fit observer « qu'il serait toujours impossible de reporter l'acte à « sa date sur les registres ». Devant cette objection, qui ne supprimait pas l'avantage de la transcription, M. Tronchet retira son amendement. Ces débats nous expliquent le silence du Code relativement aux actes de naissance et de décès [1].

Quant au mariage célébré en pays étranger, on a essayé par certaines formalités d'en révéler l'existence en France. Sans parler des publications qui, d'après l'article 170, doivent être faites dans les communes où les parties contractantes ont leur domicile [2], je veux insister ici sur la transcription. Aux termes de l'article 171 : « Dans les trois mois après le retour « des Français sur le territoire du royaume, l'acte « de célébration du mariage contracté en pays étran- « ger sera transcrit sur le registre public des maria- « ges du lieu de son domicile. » La portée exacte de cette disposition a fait naître dans le monde théorique et pratique d'ardentes controverses. On

---

1. FENET, *Travaux préparatoires du Code civil*, t. VIII, p. 18.
2. Il s'agit ici du domicile quant au mariage. Voyez Cod. civ., art. 166, 167.

s'est demandé quelle était la conséquence du défaut de transcription dans le délai prescrit. Suivant l'opinion généralement admise, l'omission de cette formalité ne saurait entraîner par elle-même la nullité de l'union célébrée en pays étranger [1]. Mais alors quelle va être la sanction? Sur ce point éclatent les divergences des auteurs. Les uns, se montrant très rigoureux, décident que « dans ce « cas le mariage, n'étant pas légalement connu en « France, n'aura aucun effet civil à l'égard des « Français ou des biens situés en France [2] ». D'autres, comprenant que cette opinion est trop sévère, ont proposé de distinguer « entre les effets que le « mariage ne produit qu'à raison de la publicité dont « la loi le suppose entouré et les effets civils, qui « sont moins le résultat de la publicité du mariage « que du mariage lui-même [3] ». La jurisprudence, appliquant cette idée, a reconnu que les époux n'étaient admis à invoquer les effets civils attachés à la publicité légale du mariage qu'à partir de la transcription de l'acte de célébration [4].

---

1. DEMOLOMBE, *Code Napoléon*, t. III, p. 337. — AUBRY et RAU, *Cours de Code civil*, t. V, p. 126.

2. DELVINCOURT, I, p. 68.

3. ZACHARIE, III, p. 315, 316.

4. En ce sens, Montpellier, 15 janvier 1823, SIR., 1823, II, 30, 3 juin 1830, SIR. 1831, II, 151.

Suivant nous, la disposition de l'article 171 est une mesure purement réglementaire dont l'inobservation ne peut avoir pour résultat de priver les époux ou leurs enfants d'un effet quelconque du mariage. Il est manifeste que la loi, en édictant cette formalité, a eu en vue non point l'intérêt des tiers mais l'intérêt des époux. En examinant les textes du Code et en parcourant les procès-verbaux des séances du Conseil d'État, on reste convaincu que le législateur a posé une règle dépourvue de toute sanction. Le projet primitif prescrivait d'abord l'enregistrement à peine d'un double droit de l'acte de célébration du mariage contracté en pays étranger, puis il ajoutait : « Cet « acte doit être encore dans le même délai reporté « et transcrit sur le registre public des mariages du « lieu de son domicile, sous peine, à défaut de ce « report, d'une amende qui ne pourra être moindre « de 100 fr., ni excéder 1,000 fr. » Dans la rédaction définitive, l'amende qui assurait la transcription disparut avec la formalité de l'enregistrement. Aussi, à propos de l'article 9 (art. 171 C. civ.), une discussion s'engagea entre les conseillers d'État. M. Defermon demanda « pourquoi l'exécution de cet article « n'était pas assurée par une disposition pénale ». M. Réal répondit que « cette disposition pénale n'ap-« partenait pas au Code civil et que sa place natu-« relle était dans les lois sur l'enregistrement où déjà

« elle se trouvait ». M. Tronchet, à son tour, déclara que, « suivant lui, la peine devait être une « amende, indépendamment du double droit [1] ». Après cet échange d'observations un peu confuses, le texte de l'article 171 fut adopté sans modification. La conclusion à tirer de ces travaux préparatoires se présente naturellement à l'esprit. La peine du double droit annoncée avec assurance par M. Réal n'étant écrite nulle part, on doit admettre sans hésiter l'absence de sanction. Toutefois, si les parties n'ont pas respecté le vœu de la loi, elles trouveront une juste punition dans les difficultés, les lenteurs et les frais qu'entraînera fatalement la preuve du mariage en l'absence d'une transcription régulière de l'acte sur les registres français. Les époux n'ayant plus un moyen prompt et facile d'établir leur état, subiront les conséquences de leur négligence coupable [2]. L'article 171 conserve, du reste, un effet important, car il impose à l'officier de l'état civil français l'obligation d'accueillir les demandes des parties qui, présentant l'acte de mariage, réclament la transcription. Nous remarquons en passant qu'après l'expiration des trois mois, le maire ou son délégué ne doit accomplir

---

1. FENET, *Travaux préparatoires du Code*, t. IX, p. 37.
2. VALETTE, *Explicat. somm.*, p. 95.—BAUDRY-LACANTINERIE, *Précis de droit civil*, p. 282.

la formalité de l'article 171 qu'en vertu d'un jugement de rectification [1].

Quelques mesures postérieures vinrent corriger un
peu l'imprévoyance du Code civil. Une circulaire du
ministre des affaires étrangères, du 8 août 1814,
prescrivit à nos agents diplomatiques de faire parvenir en France les actes de l'état civil par eux dressés [2]. Confirmant ces instructions, l'ordonnance du
23 octobre 1833 indiquait aux consuls les règles à
suivre pour l'inscription de ces actes de l'état civil
sur les registres, et elle ajoutait : « Une expédition
« en sera en même temps dressée et immédiatement
« transmise à notre ministre des affaires étran-
« gères » (art. 2) [3]. Pour assurer la conservation de
la preuve d'un façon encore plus certaine, l'article 9
portait : « Le 1er janvier de chaque année, les consuls
« arrêteront, par procès-verbal, les doubles regis-
« tres des actes de l'état civil de l'année précédente.
« L'un de ces doubles restera déposé à la chancelle-
« rie et l'autre sera expédié dans le mois, si faire se
« peut, à notre ministre des affaires étrangères. Si

---

1. Toute rectification nécessite l'autorisation de la justice. Voyez
la lettre du grand juge du 5 germinal an XII, rapportée par Merlin,
Répertoire, vº *Mariage,* section III, § 1, nº 3, p. 579 et 580.

2. Voyez HUTTEAU D'ORIGNY, ch. v, t. III.

3. La transcription a lieu en France sur les registres de la commune d'origine des Français établis en pays étrangers.

« les consuls n'ont rédigé aucun acte, ils en dresse-
« ront certificat qu'ils transmettront de même à ce
« ministre. » Ces dispositions nouvelles étaient utiles,
non seulement pour les naissances et les décès, mais
aussi pour les mariages, car la transcription n'était
exigée par l'article 171 que dans le cas où le Français s'était marié devant un officier public étranger et
suivant les formes usitées dans le pays [1].

Malgré ces correctifs, de graves imperfections
subsistaient encore dans notre loi. Il suffit de grouper les décisions du Code pour comprendre combien
elles répondaient mal aux besoins de la vie pratique.

D'abord, aucune publicité n'était donnée en France
aux naissances et aux décès constatés à l'étranger
dans les formes du pays.

En second lieu, la transcription ordonnée pour les
mariages était fort imparfaite, puisqu'elle était requise
seulement lors du retour des Français, et que, dans
toutes les hypothèses, elle restait dépourvue de
sanction. Il était donc nécessaire de trouver une
combinaison plus conforme aux mœurs actuelles.

---

1. Cette décision, critiquée par quelques auteurs, résulte avec
évidence de la place de l'article 171 qui fait suite à l'article 170
relatif à cette hypothèse. DEMOLOMBE, III, p. 335.

CHAPITRE II.

Système de l'échange des actes de l'état civil par la voie diplomatique.

Avec le temps, on a compris que le devoir d'assistance mutuelle entre les divers États pouvait, s'il était largement appliqué, améliorer la condition de chaque peuple. Il appartenait donc au droit international de faire disparaître des obstacles réputés insurmontables et de donner une solution aux plus difficiles problèmes. Ces idées, qui, aujourd'hui, sont universellement adoptées, devaient exercer sur notre question une influence salutaire.

On s'aperçut dans ces dernières années que, grâce aux relations internationales, les lacunes du Code, signalées dans ce travail, pourraient être heureusement comblées. Il s'agissait d'assurer la transmission diplomatique des actes dressés en pays étranger et leur reproduction en France sur les registres de l'état civil. Déjà des circulaires ministérielles avaient accompli un premier pas dans ce sens. D'après leurs dispositions, les actes de l'état civil reçus en France devaient, lorsqu'ils concernaient des étrangers, être envoyés d'office et sur papier libre au ministère des affaires étrangères, pour être expédiés aux autorités du pays d'origine [1].

L'Administration française faisait en cela acte de courtoisie ; elle espérait, dans un intérêt général, que sa conduite serait imitée par les autres nations. Mais ce procédé, inspiré par de louables sentiments, n'avait qu'une valeur assez restreinte, puisqu'il n'établissait pas entre les divers États un lien véritable d'obligation. Tout reposait sur la délicatesse et la complaisance des gouvernements étrangers ; dès lors le système avait une base trop fragile. Des traités régulièrement conclus pouvaient seuls donner une sécurité complète et amener des transmissions périodiques.

Une première convention fut dans ce but signée à Rome, le 13 janvier 1875, entre la France et l'Italie [2]. Les gouvernements s'engageaient à se communiquer réciproquement les actes intéressant l'état civil de leurs nationaux respectifs à dater du 1er janvier 1875. Pour assurer l'exécution de ce traité, le ministre de la justice envoya, le 11 mai 1875, une circulaire aux procureurs généraux. Dans ces instructions, il insistait sur l'importance de l'innovation :

----

1. Ces instructions ministérielles du 26 janvier 1836, 20 mars 1855, 11 mai 1864, ont trait à la transmission des actes de décès de tous les étrangers morts en France.

2. *Journal officiel* du 22 janvier 1875.

« Je n'ai point à vous rappeler, écrivait-il, l'utilité
« qu'offre cette prescription (art. 2, ordonnance du
« 23 octobre 1833), tant pour la sauvegarde des
« droits des intéressés qu'au point de vue spécial du
« recrutement. La loi du 27 juillet 1872, en décré-
« tant que tout Français devra désormais le service
« militaire personnel, a donné à ces transmissions
« une importance plus sérieuse encore. Aussi a-t-il
« paru désirable que la transcription s'étendît, non
« seulement aux actes reçus par nos agents, mais
« encore aux actes émanant des autorités étrangères.
« Pour arriver à ce résultat, M. le Ministre des
« affaires étrangères, après entente préalable avec
« mon département et celui de l'intérieur, a bien
« voulu adresser à divers États des ouvertures rela-
« tives à la transmission réciproque et gratuite, par
« voie diplomatique, d'extraits des actes dûment
« légalisés. » Il annonçait aussi par cette circulaire
que des négociations étaient ouvertes avec d'autres
pays et qu'on pouvait espérer pour une époque voi-
sine la conclusion de plusieurs traités.

Le ministre de l'intérieur, de son côté, indiquait
aux préfets, le 30 juin 1875, les obligations que le
nouveau système imposait aux autorités administratives. Il signalait en même temps le danger d'une
confusion qu'auraient pu entraîner les instructions
envoyées par ses prédécesseurs relativement à la

transmission des actes de décès des étrangers reçus en France[1].

Les prévisions de M. le Garde des sceaux ne tardèrent pas à se réaliser. Par une déclaration signée à Paris le 14 juin 1875[2], la France et le grand-duché du Luxembourg promettaient de se délivrer réciproquement des expéditions dûment légalisées des actes de naissance, de mariage et de décès concernant leurs ressortissants respectifs à dater du 1er juillet 1875. Une circulaire du 7 octobre suivant, rédigée par le ministère de l'intérieur, invitait les préfets à se conformer aux indications déjà données[3].

La Belgique, reconnaissant les avantages de l'échange par la voie diplomatique, accepta, le 25 août 1876, les propositions de la France relativement à la communication réciproque des actes de l'état civil[4]. Ce traité qui, à deux points de vue, dépassait, comme nous le verrons, les limites des conventions précédentes, devait recevoir exécution à partir du

---

1. Nous avons parlé déjà de ces circulaires.
2. *Journal officiel* du 19 juin 1875.
3. Deux circulaires du 27 décembre 1875 et du 28 juin 1876, adressées aux préfets par le ministre de l'intérieur, réglaient des points spéciaux, par exemple : les délais accordés pour l'envoi des actes, les bordereaux en double expédition rédigés par les préfets, les mentions relatives au lieu d'origine et au dernier domicile des étrangers.
4. *Journal officiel* du 5 septembre 1876.

1er octobre 1876. Par la circulaire du 16 du même mois, le ministre de l'intérieur, sans entrer dans de nouveaux détails sur l'application, mettait en relief les particularités que présentait la déclaration signée à Bruxelles[1].

Une convention assurant l'échange des actes de l'état civil a été conclue entre la France et la principauté de Monaco le 24 mai 1881[2].

Tels sont, à notre connaissance, les seuls arrangements intervenus sur cette matière entre la France et les Etats voisins[3]. Un moment, on avait pu croire

---

1. Deux circulaires ont été envoyées par le ministre de l'intérieur aux préfets pour donner satisfaction à certaines réclamations du gouvernement belge. La première, en date du 4 mars 1879, porte que « les expéditions d'actes de l'état civil, transmises au minis-« tère de l'intérieur en exécution de la convention du 25 août 1876, « devront être établies, non plus sous forme de simples extraits, « mais en copies littérales conformes aux registres. »

La seconde, en date du 11 juillet 1883, dit qu'il convient de recommander instamment aux maires « de mentionner toutes les fois « qu'il est possible de le faire, dans les actes concernant des étran-« gers, le lieu du domicile de ces étrangers dans le pays dont « ils sont originaires. » Elle ajoute que « cette indication, prescrite « d'ailleurs par le Code civil, est particulièrement indispensable « pour les actes de décès. »

2. *Journal officiel*, 31 mai 1881.

3. Divers traités relatifs au même objet ont lié entre eux plusieurs gouvernements. La plus ancienne convention de ce genre est celle du 15 mai 1861, révisée le 28 mai 1873, entre la Suisse et la Bavière, à propos des actes de naissance. Nous citerons encore : la déclaration sur la communication réciproque des actes de décès conclue

que la Suisse donnerait son adhésion à une entreprise dont le but était de maintenir le bon ordre au sein de chaque nation ; mais des obstacles inattendus ont interrompu subitement le cours des négociations. Le Conseil national, dans la séance du 21 décembre 1875, n'a pas voulu ratifier la déclaration signée le 1er décembre de la même année. Quel a été le motif de cette décision regrettable ? Les députés des circonscriptions frontières et notamment de Genève ont prétendu qu'ils ne pouvaient admettre la communication des actes de naissance des Français nés sur le territoire des cantons aussi longtemps que le gouvernement français persisterait à revendiquer comme nationaux et à soumettre aux obligations du service militaire les enfants mâles nés en Suisse de parents français, avant la naturalisation de leur père dans ce pays.

Le président de la Confédération helvétique, en faisant connaître le refus à notre ambassadeur de Berne, affirmait que cette considération avait seule dominé dans les débats et soulevé cette opposition ; il ajoutait que le traité serait soumis par le Pouvoir

le 19 mars 1870 entre la Suisse et la Belgique, puis celles plus générales entre la Suisse et l'Autriche-Hongrie (7 décembre 1875), entre la Belgique et l'Italie (17 juillet 1876), entre la Belgique et le grand-duché du Luxembourg (21 mars 1879), entre la Belgique et la Roumanie (4 mars 1881).

exécutif à l'assemblée fédérale et aurait chance d'être approuvé dès que la France aurait fait droit à ces réclamations.

A vrai dire, les griefs exposés par les représentants de la Suisse ne pouvaient résister à un examen sérieux. En revendiquant comme nationaux et en prétendant soumettre au service militaire les enfants dont les parents se font naturaliser Suisses pendant leur minorité, le gouvernement français prenait une attitude qu'il était facile de justifier. Au point de vue des principes, on pouvait soutenir que la nationalité, envisagée comme une qualité juridique, ne devait pas être modifiée sans le consentement de l'intéressé et que, dès lors, la naturalisation obtenue par le chef de famille ne devait pas entraîner un changement de patrie pour les enfants mineurs. Au point de vue des textes, on pouvait affirmer que, d'après notre législation interne, la naturalisation du père de famille avait un effet purement individuel. L'article 2 de la loi du 7 février 1851 fournissait un argument très net en ce sens[1]. En effet,

---

1. L'article 10, al. 2 pouvait aussi être invoqué. Dans ce texte, le législateur étend le bénéfice à l'enfant « né d'un Français qui aurait perdu la qualité de Français ». Il ne s'occupe pas de l'enfant déjà né au moment où le père a perdu la nationalité française, parce que cet enfant n'a pas cessé d'être Français.

Le nouveau texte de l'article 10 du Code civil modifié par la loi du

d'après cette disposition, les enfants mineurs de
l'étranger naturalisé en France conservaient leur
nationalité d'origine et avaient seulement la faculté
de réclamer la qualité de Français, dans l'année de
leur majorité, conformément à l'article 9 du Code
civil. Or, par voie de réciprocité, les enfants mineurs
d'un Français qui obtenait la naturalisation en pays
étranger, ne perdaient pas la nationalité française[1].

En résumé, les enfants d'un Français naturalisé
Suisse pouvaient très bien être considérés comme

---

26 juin 1889 ne semble aussi viser que l'enfant né postérieurement
au changement de nationalité du père. Arg. des mots : « Tout indi-
« vidu né de parents dont l'un a perdu la qualité de Français... »

1. Cette argumentation ne peut plus être présentée sous l'empire de la loi du 26 juin 1889 sur la nationalité. En effet, d'après
le nouveau texte de l'article 12 du Code civil, « les enfants mineurs
« d'un père ou d'une mère survivant qui se font naturaliser Français,
« deviennent Français ». Le législateur a donc attribué à la naturalisation acquise en France des effets collectifs. Malgré cette innovation, on peut soutenir que la perte de la nationalité française,
subie par un chef de famille, produit encore des effets purement
individuels, aucun texte ne consacrant d'une façon formelle ou
implicite le système opposé. Toutefois, comme l'a dit un auteur :
« On ne s'explique pas que les enfants mineurs dont le père est na-
« turalisé à l'étranger restent Français, tandis que ceux dont le père
« étranger est naturalisé en France deviendront Français. C'est un
« système évidemment peu logique. Les raisons d'attribuer aux en-
« fants la nationalité de leur père sont les mêmes de part et d'autre,
« et c'est se placer à un point de vue trop étroit de supposer que la
« nationalité française sera toujours pour eux préférable à toute
« autre. » *Journal du droit international privé*, 1889, p. 200.

ayant gardé la qualité de Français et comme devant subir les charges militaires.

Du reste, ces difficultés ont été fort heureusement résolues par le traité du 29 juillet 1879, qui a consacré en partie la thèse soutenue par les représentants de la France[1]. Quant aux négociations relatives à l'échange des actes de l'état civil, malgré les assurances données par le président de la Confédération, elles n'ont pas été reprises. Tous ceux qui s'intéressent au développement du droit international doivent déplorer cet abandon.

Il y a lieu également de signaler avec regret l'absence de toute convention entre la France et l'Empire allemand quant à la transmission des actes de l'état civil qui intéressent spécialement les Alsaciens-Lorrains. Le traité définitif de paix signé en 1871 et les actes additionnels ne contiennent aucune clause qui permette de trancher les difficultés soulevées par la pratique[2]. Aussi, en 1877, le docteur

---

1. Traité conclu entre la France et la Suisse le 23 juillet 1879. *Journal officiel*, 11 juillet 1880.

L'article 1 porte : « Les individus dont les parents, Français d'ori-« gine, se font naturaliser Suisses, et qui sont mineurs au moment « de cette naturalisation, auront le droit de choisir, dans le cours de « leur vingt-deuxième année, entre les deux nationalités française « et suisse. Ils seront considérés comme Français jusqu'au moment « où ils auront opté pour la nationalité suisse. »

2. Traité définitif de paix signé à Francfort le 10 mai 1871.

Fristo voulut attirer l'attention des Chambres françaises sur ce grave sujet. Dans une pétition, il
exposait que les Alsaciens-Lorrains ayant opté pour
la nationalité française étaient restés tributaires de
l'Allemagne en ce qui concernait les actes de l'état
civil. Il protestait contre ce fâcheux état de choses et
priait la Chambre de prendre la décision suivante :
« Les Alsaciens-Lorrains qui ont opté pour la natio-
« nalité française sont autorisés à déposer à la mairie
« de la commune où ils font élection de domicile, les
« extraits authentiques des actes de l'état civil déli-
« vrés avant l'annexion dont ils sont détenteurs, pour
« en demander des extraits toutes les fois que besoin
« sera. » La Commission chargée d'examiner cette
proposition a reconnu la réalité des inconvénients
signalés, mais elle a simplement demandé le renvoi
au ministre de l'intérieur[1]. Depuis lors, la question
semble avoir été oubliée, car aucune décision n'a été

Journal officiel, 31 mai 1871. — Convention additionnelle du
11 décembre 1871. *Journal officiel* du 26 janvier 1872.

L'article 8 de cette dernière convention prévoit que les deux
gouvernements pourront se communiquer réciproquement des
documents administratifs, sur la demande des autorités supérieures.

D'après une déclaration signée à Paris, le 4 novembre 1872, les
expéditions des actes de l'état civil demandées par les autorités
françaises et délivrées en Alsace-Lorraine ou demandées par les
autorités d'Alsace-Lorraine et délivrées en France sont exemptes de
tous frais de timbre.

1. *Journal officiel* du 23 juin 1877.

prise par l'Administration, et de plus, aucune tentative
de négociations n'est parvenue à notre connaissance.

Après cet aperçu historique, il nous reste à étudier
les stipulations principales contenues dans les
divers traités, en les groupant sous quelques idées
générales.

I. — Objet principal de ces conventions. —
Afin de faciliter l'application des principes du droit
public ou privé, les parties contractantes s'engagent
à se communiquer réciproquement, à des époques
déterminées (d'ordinaire tous les six mois)[1], les actes
intéressant leurs ressortissants respectifs. Ces engagements reposent sur l'idée d'une assistance mutuelle
qui, dans un intérêt supérieur, doit unir toutes les
nations. Les expéditions des actes, rédigées suivant
les formes propres à chaque pays, sont transmises par
la voie diplomatique après avoir été dûment légalisées.

Le service que les deux Etats se rendent l'un à
l'autre est gratuit. Les traités portent formellement :
« La communication aura lieu sans frais ». On a
pensé que les envois faits de chaque côté seraient en
général de même importance. La solution est du
reste excellente, car elle évite la nécessité d'un règle-

---

1. Trois mois, cependant, d'après l'art. 4 de la convention signée
avec la principauté de Monaco.

ment de compte qui aurait pu soulever des difficultés et amener des froissements.

On a pensé que la traduction des actes expédiés pourrait faciliter beaucoup la tâche des autorités administratives. C'est ainsi que la déclaration signée entre la France et le grand-duché de Luxembourg contient la clause suivante : « Les actes dressés dans « le Grand-Duché en langue allemande seront accom- « pagnés d'une traduction française dûment certifiée « par l'officier de l'état civil. »

II. — Etendue d'application de ces conven- tions. — Nous devons examiner à quelles per- sonnes et à quels actes de l'état civil s'applique la transmission.

1° *Des personnes dont les actes de l'état civil se trouvent soumis à l'échange.* — Les déclarations com- mencent d'ordinaire par la formule suivante : « Les « gouvernements désirant assurer la communication « des actes qui intéressent leurs *ressortissants res-* « *pectifs*[1]. » Que faut-il entendre par ces mots ? Les ressortissants sont les individus qui se rattachent par

---

[1]. La convention conclue avec la principauté de Monaco parle des actes concernant les « citoyens de l'autre Etat. »

On trouve dans les circulaires ministérielles les mots « nationaux ou sujets » qui sont synonymes du mot « ressortissants ». Voyez la circulaire du ministre de l'intérieur du 24 décembre 1875. Nous re- poussons comme peu précise et peu claire l'expression « originaires

un lien juridique à tel ou tel Etat. La nationalité est le rapport qui unit chacun de nous à un pays déterminé. Cette relation est fixée et réglementée par le droit interne de chaque nation, qui est maîtresse de choisir ceux qu'elle admet dans son sein[1]. Dans les législations modernes, on distingue avec soin la nationalité d'origine et la nationalité acquise. La première est établie tantôt par le lieu de la naissance et tantôt par la filiation. La seconde résulte de certains événements qui viennent après coup modifier la qualité primitive[2].

Les questions qui peuvent s'élever relativement à la nationalité d'un individu sont fort complexes et fort délicates : elles nécessitent un examen approfondi des faits et la connaissance des lois étrangères. Les

---

de tel Etat », qui se rencontre dans la correspondance administrative et qui peut faire naître des controverses.

1. *Droit international codifié,* par M. Bluntschli, n° 364.

2. Les législations de divers Etats de l'Europe, notamment de la France, de l'Italie, de la Belgique, de la principauté de Monaco, du grand-duché du Luxembourg, font dériver la nationalité de la filiation. Toutefois, elles tempèrent leur théorie en donnant à l'enfant né sur le territoire le moyen de devenir sujet par l'accomplissement de formalités très simples.

La loi française du 26 juin 1889, sur la nationalité, attribue au *jus soli* une plus grande importance, puisque d'après l'article 8 § 3, l'individu né en France d'étranger, qui lui-même y est né, est Français et ne peut décliner cette qualité. Sous l'empire de la loi du 7 février 1851 et du 16 décembre 1874, cet individu pouvait réclamer la nationalité étrangère.

agents de l'administration ne pouvaient être appelés
à trancher, à propos de la communication des actes
de l'état civil, des problèmes qui présentent une si
grande importance à tous les points de vue. Aussi
les gouvernements ont eu soin d'insérer dans les
traités une restriction fort prudente : « Il est expres-
« sément entendu, ont-ils dit, que la délivrance ou
« l'acceptation des dites expéditions ne préjugera pas
« les questions de nationalité. » Développant cette
idée, M. le ministre de l'intérieur écrivait aux préfets
le 30 juin 1875 : « Les contestations qui s'élèveraient
« à cet égard restent dans la compétence exclusive
« des tribunaux civils. » Les autorités administratives
ont donc une mission nettement délimitée : lorsqu'elles
voudront appliquer les conventions diplomatiques,
elles verront, d'après les déclarations et les renseignements, si les actes concernent les nationaux de l'autre
Etat. Quelle que soit leur décision sur ce point, l'intéressé conserve toujours la faculté d'indiquer devant les
juridictions compétentes la nation à laquelle il prétend
appartenir[1]. Nous prenons un exemple qui fera mieux

---

1. Aussi les conventions qui assurent la communication réciproque des actes de l'état-civil ne peuvent être rangées parmi
les traités « relatifs à l'état des personnes » et dès lors soumis à
l'approbation des deux Chambres, conformément à l'article 8 de la
loi constitutionnelle du 16 juillet 1875. Consultez l'étude de M. Clunet dans le *Journal du droit international privé*, 1880, p 5 et
suivantes.

saisir la règle que nous venons de poser : un individu est né en France de parents belges, une expédition de son acte de naissance dûment légalisée est envoyée par l'autorité française au bourgmestre de la ville de Bruxelles où habite sa famille ; malgré l'envoi de cette pièce, celui que concerne l'acte peut, dans la suite, soutenir qu'ayant fait la déclaration prescrite par l'article 9 du Code civil, il doit être considéré comme Français [1].

D'après certaines conventions, l'un des Etats signataires peut-être tenu de communiquer des actes intéressant non seulement les ressortissants de l'autre Etat, mais aussi les individus simplement nés ou domiciliés sur le territoire de cet Etat. On trouve une clause de ce genre dans les conventions signées avec la Belgique et avec la principauté de Monaco. L'article 2 de ce dernier traité est ainsi conçu : « La trans-« mission des actes de décès s'étendra, en outre, aux « personnes mortes dans la principauté de Monaco

---

1. L'article 9 du Code civil a été modifié par la loi du 26 juin 1889.

D'après sa nouvelle rédaction, il vise l'individu né en France d'un étranger et qui n'y est pas domicilié à l'époque de sa majorité. Cet individu peut, jusqu'à l'âge de vingt-deux ans accomplis, faire sa soumission de fixer en France son domicile, et, s'il l'y établit dans l'année à compter de l'acte de soumission, réclamer la qualité de Français par une déclaration qui sera enregistrée au ministère de la justice.

« et qui étaient nées ou qui avaient, d'après les ren-
« seignements fournis aux autorités locales, leur
« domicile en France.

« Il en sera de même pour les actes de décès des
« personnes mortes en France qui étaient nées ou qui
« avaient, d'après les renseignements fournis aux
« autorités locales, leur domicile dans la principauté
« de Monaco[1]. »

Cette disposition spéciale s'explique par une considération pratique. Il est intéressant pour un Etat de
connaître les décès de personnes qui, quoique n'étant
pas comprises parmi ses nationaux, sont nées sur son
territoire ou y ont eu leur domicile.

2° *Des divers actes de l'état civil qui se trouvent
soumis à l'échange.* —· Dans toutes ces conventions,
les deux gouvernements s'engagent à se communiquer
réciproquement des expéditions dûment légalisées
des actes de naissance, de mariage et de décès. Ainsi
les trois événements qui déterminent surtout l'état
civil de chaque personne sont seuls visés[2]. Mais, à ce
point de vue, les conventions signées avec la Belgique et la principauté de Monaco vont plus loin, car

---

1. Voyez aussi l'article 2 de la convention signée avec la
Belgique. Il importe de consulter sur ce point la circulaire envoyée
par le ministre de l'intérieur à la date du 16 octobre 1876.

2. La circulaire du 30 juin 1875, relative à l'application du traité
conclu avec l'Italie, parle à tort des actes de reconnaissance.

elles s'occupent des actes de reconnaissance d'enfants naturels et elles les soumettent à la transmission. L'article 3 de la déclaration signée avec la Belgique est ainsi conçu : « Les officiers de l'état civil en France « et en Belgique se donneront mutuellement avis, par « la voie diplomatique, des reconnaissances et légiti- « mations d'enfants naturels, inscrites dans les actes « de mariage[1]. » Cette extension, qui est très utile, doit toutefois être maintenue dans ses limites véritables. La communication n'a lieu que pour les reconnais- sances constatées par les officiers de l'état civil, soit dans l'acte de naissance de l'enfant naturel, soit dans un acte séparé et postérieur, soit enfin dans l'acte de célébration du mariage des père et mère. D'après le Code civil qui s'exprime en termes fort larges dans l'article 334, les notaires, les juges de paix, les tribu- naux pourraient recevoir les aveux des père et mère; mais en pareille hypothèse, il n'y aurait pas lieu de procéder à l'échange diplomatique des actes.

III. — Des obligations imposées aux autorités administratives par ces conventions. — Les expé- ditions des actes de l'état civil concernant les étran-

---

1. Nous notons que, suivant l'opinion générale, dès qu'il y a eu reconnaissance, la légitimation sous l'empire du Code civil s'opère de plein droit par le seul fait du mariage, sans déclaration expresse des parents dans l'acte de mariage. (DEMOLOMBE, t. V, p. 368.)

gers et reçues dans les mairies de France sont envoyées par l'intermédiaire des sous-préfets et préfets au ministère de l'intérieur, qui les transmet à son tour au ministère des affaires étrangères pour les faire distribuer entre les légations des divers Etats[1]. Le même mode de transmission est employé à l'égard des actes qui intéressent des Français et qui ont été dressés à l'étranger. On voit par là que certaines obligations sont mises à la charge des agents de l'administration. Nous voulons dire quelques mots sur le fonctionnement du système en France.

1° *Obligations imposées aux ministres.* — Les ministres de la justice, de l'intérieur et des affaires étrangères surveillent, chacun dans la limite de leurs attributions, l'exécution de ces conventions. Par des circulaires, ils indiquent la mission de chaque délégué du pouvoir central, règlent la forme et l'époque des envois, en un mot assurent la communication complète et exacte des actes de l'état civil entre la France et les autres nations.

2° *Obligations imposées aux préfets et aux sous-*

---

1. Les préfets doivent envoyer au ministre de l'intérieur des expéditions littérales conformes aux registres et non pas de simples extraits. La circulaire du 4 mars 1879, qui contient une recommandation très pressante à cet égard, doit être considérée comme ayant une portée générale, quoiqu'elle ait été faite pour assurer l'exécution de la convention conclue avec la Belgique.

préfets. — Les préfets et les sous-préfets sont chargés de faire parvenir des mairies de France au
ministère de l'intérieur et *vice versâ* les expéditions
d'actes intéressant soit les étrangers, soit les Français. Pour rendre plus commode le travail de vérifi-
cation, ils réunissent les copies des actes de l'état
civil envoyées par les maires du département, les
classent par communes et arrondissements, puis les
expédient avec un bordereau en double exemplaire à
la direction de l'administration communale et dépar-
mentale (1re division, 1er bureau)[1]. D'après le modèle
annexé à la circulaire ministérielle du 27 décembre
1875, le bordereau doit contenir : l'indication des
communes où les actes ont été reçus, la nature et la
date de ces actes, les noms et prénoms des parties, le
lieu d'origine. Le ministre a insisté sur la nécessité
de mentionner autant que possible pour les actes de
décès le lieu de naissance ou le dernier domicile à
l'étranger de la personne décédée[2].

3° *Obligations imposées aux officiers de l'état
civil*. — Les expéditions des actes de l'état civil
concernant les étrangers et reçues en France sont
dressées par les maires et dirigées sur la sous-
préfecture[3].

---

1. Circulaires du 27 décembre 1875 et du 11 juillet 1883.
2. Circulaires du 28 juin 1876 et du 11 juillet 1883.
3. D'après la circulaire du 30 juin 1875, toutes ces copies sont

Les actes qui intéressent des Français et qui ont été communiqués par la voie diplomatique sont transcrits soit au lieu d'origine, soit dans certaines mairies spécialement déterminées suivant des distinctions, toutes les fois que les communes d'attache ne pourront être connues ou révélées[1]. Ici se présente une difficulté. Sous l'empire de la législation actuelle, les actes de naissance et de décès relatifs à nos nationaux et dressés à l'étranger doivent-ils être transcrits sur les registres des mairies par les officiers de l'état civil français? En un mot, y a-t-il à ce point de vue une véritable obligation? Cette question qui, par sa solution, pouvait entraver l'application des traités, a fortement préoccupé le cabinet belge au cours des négociations entamées avec la France.

Quelques auteurs ont prétendu que la transcription était un devoir auquel les maires ne pouvaient se soustraire. Ainsi, dans le *Répertoire* de Dalloz, nous trouvons écrites les lignes suivantes : « Les actes de « l'état civil passés à l'étranger soit devant les auto-

---

dispensées de la formalité du timbre, conformément à l'article 16, n° 1, de la loi du 13 brumaire an VIII. Elles ne peuvent également donner lieu au paiement d'aucun droit d'expédition. Elles sont légalisées, non par le président du tribunal civil, mais par le préfet ou le sous-préfet. Enfin, elles doivent contenir la mention du lieu d'origine ou du dernier domicile de l'intéressé. (Circulaire du 28 juin 1876.)

1. Circulaire du 11 mai 1875.

« rités locales, soit devant les agents diplomatiques
« français n'ont pas besoin d'être transcrits pour
« pouvoir être valablement employés en France ;
« mais leur transcription est une précaution utile
« et légale, elle assure leur conservation et leur
« publicité, l'officier de l'état civil ne doit pas s'y
« refuser[1]. »

Le ministre de l'intérieur, dans la réponse qu'il
donnait le 21 mai 1875, à propos d'une consultation
du ministre des affaires étrangères, semblait partager
cette manière de voir. Après avoir cité la doctrine de
certains jurisconsultes, il déclarait que de simples
injonctions ministérielles suffiraient pour rendre la
transcription des actes obligatoire, attendu que les
maires étaient *essentiellement* des agents de l'autorité
et relevaient directement du gouvernement[2].

Suivant nous, cette doctrine doit être repoussée.
Sans vouloir reproduire la discussion qui s'éleva au

---

1. *Répertoire* de DALLOZ, vº *Actes,* nº 350. Voyez aussi dans le
même sens : RIEFF, *Commentaire de la loi sur les actes de l'état
civil.*

2. Cette remarque était juste sous l'empire de la loi du 20 janvier 1874, qui donnait au pouvoir exécutif le droit de nommer les
maires dans toutes les communes de France, même en dehors du
conseil municipal. Elle n'est plus exacte depuis que le principe
électif, appliqué d'abord dans certaines communes par la loi du 12
août 1876, a été généralisé par les lois du 28 mars 1882 et du 5 avril
1884 (art. 73).

Conseil d'Etat dans la séance du 24 août 1801, nous faisons remarquer que les réponses de MM. Bigot-Préameneu et Berlier ne peuvent laisser aucun doute sur la pensée du législateur. Du reste, la loi est formelle dans son texte, car elle n'exige la transcription que pour les actes de mariage des Français reçus à l'étranger (art. 171), gardant un silence significatif pour les actes de naissance et de décès.

Ainsi, les officiers de l'état civil, d'après le Code de 1804, peuvent, mais ne sont pas tenus d'opérer la transcription qui est réclamée par les parties à la suite de l'échange diplomatique[1]. M. le garde des sceaux se prononçait implicitement dans ce sens lorsqu'il comptait sur la sagesse des maires bien plus que sur la force des dispositions légales. « Il impor-
« tera surtout, disait-il, de leur rappeler que les com-
« munications stipulées sont réclamées dans un inté-
« rêt d'ordre public et administratif; que la trans-
« cription des actes de naissance aura notamment
« pour effet de mettre en mesure d'appeler au service
« militaire les nombreux jeunes gens nés à l'étran-
« ger de parents français. J'ai dès lors peine à
« croire, en me plaçant à ce point de vue, que les

---

1. Une décision du tribunal civil de la Seine, rendue en chambre du Conseil, le 17 mars 1876, a donné raison au maire du IXᵉ arrondissement de Paris, qui refusait de transcrire l'acte de naissance des enfants Hermann Oppenheim nés à Constantinople.

« instructions ministérielles soient de nature à pré-
« senter quelque difficulté dans leur application et
« que des officiers de l'état civil français, prétendant
« exciper du silence de la loi, hésitent à nous prêter
« leur concours, que nous sommes en droit d'atten-
« dre de leur dévouement[1]. » Quoi qu'il en soit, nous
pensons qu'il conviendrait, pour supprimer ces hésitations, de mettre la loi française en harmonie avec
les clauses des traités récemment conclus[2].

En résumé, l'échange diplomatique des actes de
l'état civil présente de réels avantages pour l'Etat
comme pour les particuliers, car il facilite l'accomplissement de certains services publics et donne la
confiance dans les affaires. Pour ce double motif, il
faut souhaiter que le gouvernement français, conti-
nuant à marcher dans la voie qu'il suit depuis 1875,
parvienne à conclure, surtout avec les nations les plus
voisines, de nouveaux arrangements. Toutefois, pour
rester dans la vérité, nous devons faire remarquer
que le système nouveau, malgré toute l'extension
qu'il est susceptible de recevoir, présentera toujours
une grave imperfection. Il sera, en effet, sans application possible si les naissances, mariages, décès
se produisent dans un pays où il n'est pas d'usage de

---

1. Circulaire du 11 mai 1875.
2. Voyez l'article 367 du Code civil italien.

constater ces événements par des actes instrumentaires [1]. Il appartient aux partisans de la codification du droit international privé d'amener un progrès nécessaire, en faisant adopter par les diverses nations une loi générale sur la rédaction des actes de l'état civil qui concernent les étrangers.

---

1. L'inconvénient existera surtout pour les mariages.

Dans la plupart des Etats de l'Amérique du Nord, le mariage est consensuel : il peut être prouvé par tous les moyens. Consultez à ce sujet le *Journal de droit international privé*, 1870, p. 237, dans lequel se trouve relatée une affaire intéressante. Voyez aussi le *Traité élémentaire de droit international privé*, par André WEISS, p. 646.

LES ANNEXIONS ET LES PLÉBISCITES

DANS

L'HISTOIRE CONTEMPORAINE

La conquête violente et brutale soulève de
nos jours, lorsqu'elle se produit, une réprobation
générale. C'est que la force n'est plus, comme
au moyen-âge, la maîtresse du monde ; elle voit
se dresser devant elle les barrières élevées par la
civilisation. Il y a dans ce revirement de l'opinion
publique un progrès incontestable dont tout homme
exempt de préjugés doit reconnaître l'importance.
Il suffit, en effet, de jeter les regards un peu en
arrière pour comprendre quelle heureuse évolution
a été accomplie par l'humanité.

Pendant longtemps, les princes victorieux disposè-
rent des territoires et des peuples suivant leurs caprices, étouffant les réclamations sous le poids de leurs

sabres. L'histoire, à des époques assez proches de nous, est remplie de douloureux récits.

Le 5 août 1772, l'Autriche, la Prusse et la Russie font entre elles le partage de la Pologne, invoquant les dissensions intestines qu'elles ont suscitées dans ce malheureux pays. Pour accomplir ce détestable projet, Frédéric II comptait sur la faiblesse, peut-être même sur la complicité morale des autres Etats[1]. Il ne se trompait point : ses prévisions devaient pleinement se réaliser. L'Angleterre et l'Espagne, pour des motifs divers, gardèrent le silence. La France, de son côté, paralysée par sa détresse financière et mal dirigée par ses ministres, n'osa pas défendre la cause des Polonais qu'elle devait plus tard embrasser avec un si grand désintéressement. Quelques philosophes, et particulièrement d'Alembert, essayèrent en vain de toucher le cœur de la reine Catherine. La pauvre Pologne disparut, laissant ses voisins avides se distribuer entre eux ses dépouilles.

L'Europe assista, en 1815, à un spectacle plus déplorable encore. Dans le congrès de Vienne, tristement célèbre, on modifia les frontières de plusieurs Etats, et avec des lambeaux arrachés çà et là on

---

1. Lettre de Frédéric II au comte de Solms.

constitua de nouvelles principautés : en un mot, on
se livra à un travail de morcellement jusqu'alors
inconnu. Quatre grandes puissances imposèrent ainsi
leur volonté aux autres nations et affirmèrent leur
omnipotence. Que leur importait le respect de la justice ? Elles voulaient avant tout satisfaire leur
égoïsme et leur ambition. « Vous me parlez toujours
« de principes, disait Alexandre Ier à M. de Talley-
« rand, votre droit public n'est rien pour moi : je ne
« sais pas ce que c'est. Quel cas croyez-vous que
« je fasse de tous vos parchemins et de vos
« traités ? [1] »

Ces iniquités se sont reproduites plus d'une fois
dans ce siècle, mais elles ont été énergiquement blâ-
mées. La conscience publique s'est émue enfin de ces
procédés barbares qui méconnaissent tous les sentiments du cœur humain. Elle a élevé la voix au nom
de ces milliers d'habitants qu'on arrache tout à coup
à leurs intérêts et à leurs affections. Quelques hommes d'Etat, entraînés par ce mouvement général, ont
écouté ces justes revendications. Ils ont cherché à
rendre les conquêtes plus régulières et par conséquent plus durables, en les faisant sanctionner par les
véritables intéressés. Quoi de plus naturel que de
demander aux habitants d'un pays qui va être cédé

---

1. Lettre de Talleyrand à Louis XVIII, 4 octobre 1816.

s'ils donnent leur assentiment à la cession projetée !
Quoi de plus raisonnable que de les consulter sur un
projet auquel sont liés étroitement leur prospérité et
leur repos ! Désormais tout traité qui portera annexion
d'un territoire appartenant à un État régulièrement constitué devra être soumis au vote des
populations intéressées.

Ainsi se présente cette théorie des plébiscites [1],
par laquelle on a essayé de concilier les droits du
vainqueur avec les légitimes exigences de la morale

---

1. Il ne faut pas confondre la théorie des plébiscites avec la
théorie de l'option. Ces deux théories sont appliquées à propos d'une
annexion, mais elles diffèrent l'une de l'autre sous plusieurs
rapports.

a/ La théorie des plébiscites consiste à faire ratifier la cession
par les populations qui sont établies sur le territoire démembré.

La théorie de l'option consiste à reconnaître aux individus qui
sont atteints par l'effet de la cession devenue définitive, la faculté
d'éviter le changement de nationalité.

b/ La théorie des plébiscites suppose un vote des populations qui
sont consultées sur la question du démembrement.

La théorie de l'option suppose une déclaration faite devant l'autorité compétente par les individus qui veulent conserver leur
nationalité première.

c/ La théorie des plébiscites fait partie du droit international
public.

La théorie de l'option est plutôt comprise dans le droit international privé.

D'après M. Geffcken, le droit d'option apparaît pour la première
fois dans le traité d'Hubertsbourg, en 1763, puis dans le traité de
Kudjuk-Kaïnardji, en 1774. Voyez le *Droit international de
l'Europe*, par HEFFTER, 4ᵉ édit. fr., p. 439. Nous le trouvons con-

et de l'humanité. Elle fut, à son apparition, saluée comme un moyen propre à empêcher de nouvelles spoliations. Préconisée par les publicistes, développée au sein des sociétés savantes, appliquée dans de fréquentes occasions, elle fit naître dans le monde politique de grandes espérances. Mais, comme toute idée nouvelle, après avoir eu un instant de succès, elle fut peu à peu mise de côté et elle finit par tomber dans l'oubli. L'enthousiasme avait été exagéré : la défaveur ne fut pas mieux justifiée. Un événement, peu important en lui-même, la rétrocession de l'île Saint-Barthélemy à la France, a attiré de nouveau l'attention publique sur cette question. Aussi le moment nous paraît-il bien choisi pour approfondir un sujet qui, jusqu'à ce jour, a été examiné d'une façon superficielle. Il est peut-être utile d'indiquer quel est au fond ce système qui intéresse à un si haut degré les destinées du droit international. Quel a été son développement dans l'histoire et quelle est sa valeur au point de vue théorique et pratique ? C'est à ces

---

sacré par divers traités conclus dans ce siècle par la France : traité avec la Sardaigne du 24 mars 1860, art. 6; traité avec le prince de Monaco du 2 février 1861, art. 7; traité avec l'Allemagne du 10 mai 1871, art. 2; traité avec la Suède du 10 mars 1877, art. 2. Certains auteurs citent aussi, mais à tort, suivant nous, le traité du 30 avril 1814, art. 17, et le traité du 20 novembre 1815, art. 7. Consultez le *Traité élémentaire de droit international privé*, par M. André WEISS, p. 2?5 et suivantes.

deux questions que nous allons répondre, en évitant, autant que possible, de tomber dans de fâcheuses exagérations.

CHAPITRE I.

Développement historique de la théorie.

.La théorie des plébiscites en matière d'annexion n'a point pour elle l'autorité du temps : elle se montre à nous comme une nouveauté. Vainement on lui chercherait des précédents dans les annales de Rome ou de la Grèce. L'histoire même de notre propre pays, antérieurement à la seconde moitié de ce siècle, ne pourrait fournir d'utiles renseignements. Cependant un écrivain distingué a cité, dans un ouvrage récent, deux grands faits relatifs à la France dans lesquels il a cru découvrir le germe du principe nouveau [1].

Le roi Jean, captif de l'Angleterre à la suite d'une guerre malheureuse et voulant recouvrer sa liberté, signa le traité de Brétigny, qui portait un coup terrible aux intérêts du royaume (1359). Par cet arrange-

---

1. DE LA GUÉRONNIÈRE, *Le droit public et l'Europe moderne*, I, p. 435.

ment, il abandonnait la moitié occidentale de la
France, de Calais à Bayonne, et promettait le paiement de quatre millions d'écus d'or. Le dauphin
régent, dès qu'il reçut le texte de cette paix humi-
liante, comprit quels obstacles allait rencontrer l'exécution d'une pareille convention. Aussi, pour mettre
sa responsabilité à couvert, il résolut de consulter les
représentants du pays. Les gens d'église, les nobles,
les députés des bonnes villes furent immédiatement
convoqués. En présence des Etats assemblés, lecture
fut donnée de cet acte qui diminuait sensiblement le
territoire de la France. Des murmures s'élevèrent de
toutes parts et l'indignation fut portée à son comble.
Les Etats ne pouvaient accepter des clauses si onéreuses qui avaient été arrachées à la faiblesse de leur
souverain[1]. Ils firent entendre une protestation énergique qui a été reproduite par Froissard sous sa
forme naïve : « Ils respondirent d'une voix qu'ils
« auraient plus cher à endurer et porter encore le
« meschef et misère où ils étaient que le noble
« royaume fut ainsi amoindri, ni deffraudé et que le
« roy Jehan demeurat encore en Angleterre et que,
« quand il plairait Dieu, il y pourverrait remède et
« mestrait attrempance. » La convention fut donc
repoussée comme n'étant « passable ni faisable ».

---

1. GUIZOT, *l'histoire de France depuis les temps les plus reculés
jusqu'à nos jours*, t. II, p. 161 et suiv.

Tel est le premier fait qui a été indiqué. Voici maintenant le second.

Par le traité de Madrid, François Ier avait abandonné la Bourgogne et ses dépendances (1527). Mais quand vint le moment de l'exécution, il craignit de diminuer sa popularité en accomplissant seul un acte si grave. Par respect de ses sujets et peut-être par désir d'éluder ses promesses, il résolut de se soumettre à la décision que prendraient les Etats de Bourgogne. Les députés réunis à Cognac au mois de juin n'hésitèrent pas à condamner cette cession « comme contraire aux lois du royaume, « aux droits du roi, qui ne pouvait aliéner de sa « propre autorité aucune portion de ses Etats, « et au serment de son sacre, supérieur à ses ser- « ments de Madrid[1]. » Cette déclaration déliait le roi de son engagement et devait avoir pour conséquence la reprise des hostilités.

Sans doute, ces deux faits historiques présentent un certain intérêt au point de vue politique, mais ils ne sauraient être considérés comme les origines de la théorie que nous étudions. Il ne faut pas s'arrêter à la surface et se laisser tromper par les apparences.

Notons d'abord que dans ces deux récits nous ne trouvons aucune trace d'un vote populaire. Nous

---

1. GUIZOT, op. cit., t. III, p. 96.

sommes en présence d'assemblées régulièrement constituées et composées de privilégiés. Mais il faut aller
plus loin encore. Lors du traité de Brétigny, on n'inter-
roge pas seulement les députés des pays abandonnés
à l'Angleterre, on appelle dans une délibération les
délégués de la France entière. Ces déclarations ne
ressemblent donc point à nos plébiscites modernes :
elles peuvent être comparées à la ratification des
traités que le souverain, sous un régime constitutionnel, doit, de nos jours, demander aux représentants de la nation.

Ainsi, dans ce travail, nous devons négliger les
siècles passés pour nous renfermer uniquement dans
le présent. Presque toutes les applications de cette
théorie, à l'exception d'une seule, se rattachent à
l'indépendance de l'Italie, c'est-à-dire à cette lutte
mémorable qui commence à Montebello (1859) et
qui a pour dénouement la prise de Rome (1870).
L'œuvre de l'unification italienne que M. de Cavour
avait annoncée dans le congrès de Paris (1850),
devait s'accomplir, suivant le mot d'un écrivain,
« par soubresauts, à coups de révolutions, par les
« plébiscites [1]. » Faire l'histoire de notre question,
c'est donc retracer les efforts prodigieux et les progrès
incessants de ce petit royaume de Sardaigne qui

---

1. De la Guéronnière, *op. cit.*, I, p. 346.

allait s'étendre bientôt « depuis les Alpes jusqu'à l'Adriatique ».

Du reste, deux hommes ont prêté un grand appui à ce système : Victor-Emmanuel et Napoléon III. Ces deux souverains, déployant toute leur activité, ont défendu les mêmes principes, en obéissant toutefois à des mobiles différents. Le premier était un politique habile qui poursuivait un résultat immédiat et pratique ; le second était un rêveur qui s'abandonnait à de vagues aspirations et qui marchait à la recherche d'une « grande idée ».

Le roi de Sardaigne voulait amener la réunion dans la même main de tous les États italiens. Pour arriver à ce but, il allait demander à la révolution le renversement des princes et des ducs, tantôt encourageant secrètement Garibaldi, tantôt assumant sur sa tête toutes les responsabilités de l'entreprise. Puis, afin d'atténuer le mauvais effet produit par cette attitude peu correcte, il était résolu à opposer au mécontentement des gouvernements européens les votes enthousiastes des populations.

L'empereur des Français n'espérait pas un profit si direct. Il désirait avant tout le triomphe d'une pensée qu'il avait longtemps caressée. Peut-être aussi, tout en exerçant un pouvoir absolu à l'intérieur, voulait-il affecter un certain libéralisme et attirer à lui par ce moyen la confiance des masses. Toutes ces suppositions sont acceptables si l'on tient compte des contradictions que la nature et l'éducation avaient déposées dans cet esprit. Finalement, quoique séparés profondément par le caractère et par les tendances, ces deux chefs de gouvernement saisirent toutes les occasions de proclamer le droit des populations. De 1859 à 1870, les graves événements qui s'accomplirent donnèrent lieu à d'éclatantes manifestations.

Après la fameuse rupture de 1857, motivée par l'attitude provoquante de l'Autriche, l'empereur des Français, soit par un sentiment d'amitié, soit par des raisons politiques, se prononça nettement pour le roi de Sardaigne et mobilisa ses troupes (29 avril 1859). Les armées des deux pays, unissant leurs efforts, refoulèrent les Autrichiens à Montebello (20 mai), à Palestro (30 mai), à Magenta (3 juin), à Marignan (8 juin). Après la victoire de Solférino, qui avait été vivement disputée (24 juin), Napoléon III, prévoyant des complications du côté de l'Allemagne et redoutant le fameux quadrilatère, s'arrêta tout à coup au milieu de ses succès et proposa les bases d'un arrangement. Le 11 juillet, les préliminaires de paix furent signés à Villafranca. L'empereur d'Autriche cédait ses droits sur la Lombardie, à l'exception des duchés de Mantoue et de Peschiera, à l'empereur des Français qui devait faire la remise de ce territoire au roi de Sardaigne. Deux traités, conclus à Zurich, l'un

entre la France et l'Autriche, l'autre entre la France
et la Sardaigne, confirmaient cet abandon et réglaient
les clauses accessoires [1].

Pendant que ces faits s'accomplissaient avec une
rapidité prodigieuse, l'idée de l'unité envahissait
toute la péninsule. Sans attendre l'issue de la lutte,
des provinces de l'Italie centrale et particulièrement
les Romagnes avaient renversé leurs souverains et
constitué des gouvernements provisoires : elles pré-
tendaient régler librement leurs destinées futures.

Les duchés de Parme, de Modène et de Florence
avaient pris une résolution plus hardie. S'affranchis-
sant de toute autorité, ils avaient voté avec enthousiasme leur réunion au Piémont (20 et 27 août 1859).

Les Légations avaient imité cet exemple (10 septembre 1859).

Victor-Emmanuel, quoique lié par le traité de Zurich,
qui limitait les agrandissements de la Sardaigne,
trouva le moment favorable pour réaliser ses vastes
projets. Invoquant l'élan général qui entraînait vers
lui les populations italiennes, il prononça l'annexion
de ces diverses principautés (février et mars 1860).

La Toscane et l'Emilie, qui avaient manifesté leurs
aspirations par un vote populaire, vinrent aussi se
grouper autour du Piémont (11-15 mars 1860).

----

1. DE CLERCQ, *Recueil des traités de la France,* VII, 1856-59.

Toutes les combinaisons formées pour l'organisation de l'Italie centrale devenaient inutiles. La création d'une vaste confédération sous la présidence honoraire du saint-père devait être abandonnée, et la réunion d'un congrès, pour régler ces questions, ne présentait plus aucun intérêt [1].

Cependant la France qui, au début, avait soutenu avec empressement l'indépendance italienne, commençait à s'inquiéter. Cette défiance apparut dans le discours prononcé à l'ouverture des Chambres (session de 1860-61). Il était désormais impossible de suivre le royaume de Sardaigne « dans une politique qui « avait le tort de paraître, aux yeux de l'Europe. « vouloir absorber tous les Etats de l'Italie et mena- « çait de nouvelles conflagrations [2] ».

Pour protéger notre frontière méridionale contre un voisin qui devenait chaque jour plus puissant, Napoléon III exigea de la Sardaigne la cession de Nice et de la Savoie. Cette prétention causa d'abord un certain étonnement; mais elle ne pouvait être repoussée, parce qu'un refus aurait fait naître de graves difficultés.

Un traité signé le 24 mars 1860, entre le baron

_____

1. DE LA GUÉRONNIÈRE, op. cit., I, 350. Voyez aussi la lettre du 20 octobre 1859 écrite par Napoléon à Victor-Emmanuel.

2. DE LA GUÉRONNIÈRE, op. cit., I, 354.

de Talleyrand-Périgord et le comte de Cavour, portait abandon du territoire réclamé, mais réservait formellement la ratification par le Parlement et l'adhésion des habitants. L'article 1 portait en effet : « S. M. le roi de Sardaigne consent à la réunion de « la Savoie et de l'arrondissement de Nice à la « France, et renonce pour lui et tous ses descendants « et successeurs, en faveur de S. M. l'empereur des « Français, à ses droits et titres sur lesdits terri- « toires. Il est entendu entre Leurs Majestés que cette « réunion sera effectuée sans nulle contrainte de la « volonté des populations et que les gouvernements « de l'empereur des Français et du roi de Sardaigne « se concerteront le plus tôt possible sur les meil- « leurs moyens d'apprécier et de constater la mani- « festation de cette volonté [1]. » Ainsi, pour la première fois, la théorie des plébiscites était officiellement reconnue et prenait place parmi les clauses d'un acte diplomatique.

Le parlement sarde accomplit avec quelque peine le sacrifice qu'on demandait à son patriotisme. Quant aux populations, elles acceptèrent l'annexion avec une imposante majorité. M. Thouvenel, dans une lettre adressée à l'empereur le 11 juin 1860, insistait avec raison sur l'attitude à la fois correcte et libérale

---

1. De Clercq, *Recueil des traités de la France*, VIII, 1860-63.

des deux gouvernements. « Le parlement sarde,
« écrivait-il, vient de sanctionner par un vote solen-
« nel la cession opérée d'abord par le souverain et
« ratifiée ensuite par le vœu des populations desti-
« nées à devenir françaises. Jamais légitimité d'une
« transaction internationale ne fut plus solidement
« établie [1]. »

Cependant, l'incident soulevé par la France n'avait
pu arracher les Italiens à leur préoccupation dominante. Pour éviter les lenteurs et pour supprimer
toutes les entraves, les Chambres sardes avaient pris
une décision importante. Une loi proposée et votée
dans la session d'octobre 1860 portait : « Le gouver-
« nement du roi est autorisé à accepter et à établir
« par décrets royaux l'annexion à l'Etat des pro-
« vinces de l'Italie centrale et méridionale dans
« lesquelles se manifestera librement, par le suffrage
« direct universel, la volonté des populations de faire
« partie intégrante de notre monarchie constitu-
« tionnelle. »

A peine adoptée, cette disposition recevait de fréquentes applications. Bientôt, en effet, le rêve de
M. de Cavour allait devenir une réalité : les derniers princes de l'Italie se retiraient devant la Révolution.

---

1. DE CLERCQ, *Recueil des traités de la France*, VIII, 1860-63.

Garibaldi, porté par la faveur populaire, ne pouvait contenir son esprit impatient et désirait brusquer l'entreprise. Appelé par les patriotes du pays, il débarque en Sicile et prend Palerme après un siège de trois jours. Puis, quittant Messine, il passe le détroit et entre dans Naples avec une petite troupe de volontaires (7 septembre 1860). Se voyant maître de la situation, il se proclame dictateur et publie le décret suivant : « Les Deux-Siciles, qui doivent leur rédemp-« tion au sang italien et qui m'ont librement élu dic-« tateur, font partie intégrante de l'Italie une et « indivisible avec son roi constitutionnel Victor-« Emmanuel et ses descendants. » (15 octobre 1860)[1].

Pendant ce temps, François II, roi des Deux-Siciles, esprit absolu et aveuglé de préjugés, s'efforçait de sauver sa couronne gravement compromise. Pour arrêter l'insurrection, il essayait d'inaugurer une politique plus libérale ; mais il vit ses concessions tardives repoussées et il se résigna à quitter sa capitale.

Cette campagne, qui avait pleinement réussi, avait été fort mal accueillie par les cours étrangères. Afin de dégager sa responsabilité, le gouvernement sarde feignit de se séparer de Garibaldi, auquel il n'avait

---

1. *Archives diplomatiques*, I, 1861.

cessé de prêter son appui moral. Répondant aux
réclamations de la France, M. de Cavour s'exprimait
ainsi dans sa note du 15 mai 1860 : « La Sardaigne
« condamne l'expédition de Garibaldi tout aussi sévè-
« rement que la France peut le faire ; mais quoique
« son audacieuse expédition soit contraire aux
« intérêts du Piémont, elle s'adresse aux sympathies
« du peuple, pour lequel Garibaldi est un héros. Le
« gouvernement ne peut agir contre un homme qui
« dispose d'une force populaire si considérable. »
Ce langage était habile, mais il manquait de franchise :
personne en Europe ne se laissa tromper par ces
paroles rassurantes.

En restant dans l'inaction, Victor-Emmanuel com-
promettait sans profit la cause nationale et abandonnait Naples à l'anarchie. Aussi, dès que le moment
favorable s'offrit, il jeta le masque et vint rejoindre
Garibaldi. S'associant à tous les actes du dictateur,
il reçut avec empressement les vœux des Siciliens
qui, dans un plébiscite du 21 octobre, s'étaient volon-
tairement placés sous son autorité. A son entrée à
Naples (7 novembre 1860), il lança une proclamation
dans laquelle il ratifiait pleinement l'œuvre de la
révolution.

« Aux peuples napolitains et siciliens :

« Le suffrage universel me donne le souverain
« pouvoir de ces nobles provinces. J'accepte ce
« solennel décret de la volonté nationale, non par
« ambition de règne, mais par conscience d'Ita-
« lien[1]. »

A la nouvelle de ces événements qui renversaient
ses dernières espérances, François II, enfermé dans
la citadelle de Gaëte, essaya de protester. Dans une
note du 8 novembre 1860, envoyée à ses agents diplomatiques, son ministre des affaires étrangères s'élevait contre ce plébiscite destitué, suivant lui, de toute
valeur. Il alléguait que six jours avant la convocation
des comices, Garibaldi, allant au-devant de la volonté
populaire, avait décidé solennellement, en vertu de
son autorité dictatoriale, que les Deux-Siciles fai-
saient partie intégrante de l'Italie sous le roi constitutionnel Victor-Emmanuel. Il signalait aussi des faits
de pression qui avaient vicié les opérations en supprimant toute liberté :

« Tous les journaux ont porté à votre connaissance
« que concurremment avec l'injustifiable invasion des
« troupes sardes sur le territoire du royaume, le gou-
« vernement révolutionnaire de Naples a décrété un
« plébiscite d'après lequel le peuple, réuni en comices,

---

1. *Archives diplomatiques*, I, 1861.

« devait voter, par le suffrage universel, l'absorption
« de la monarchie, la déchéance de la dynastie qui
« règne depuis plus d'un siècle et la translation de la
« couronne au roi de Sardaigne. En Sicile, où la
« révolution avait décidé la convocation d'un parle-
« ment pour résoudre cette question, la mesure a été
« révoquée et, conformément aux instructions don-
« nées de Naples, le même plébiscite a été décrété
« avec cette même formule :

« Le peuple veut l'Italie une et indivisible avec
« Victor-Emmanuel roi constitutionnel et ses légiti-
« mes descendants.

« Le plébiscite a été voté et le résultat a été tel
« que les circonstances devaient le donner. Le peu-
« ple entier a paru accepter sans discussion, sans
« obstacle, sans différence d'opinions, un changement
« aussi radical de ses destinées. A peine pour rendre
« plus vraisemblable cette comédie révolutionnaire,
« a-t-on fait figurer un nombre insignifiant de votes
« négatifs... Il y a une violation manifeste de tous
« les droits reconnus par les lois et les traités, viola-
« tion qui ne peut se justifier par la volonté populaire,
« attendu qu'elle est imposée par la violence et la
« révolution au-dedans et par la force des armes
« étrangères[1]. »

_____

1. *Archives diplomatiques*, I, 1861.

Ces allégations, qui contenaient, il faut l'avouer, une grande part de vérité, devaient rester vaines. En d'autres temps, elles auraient pu émouvoir l'opinion publique et amener de vives critiques, mais quelle force pouvaient-elles avoir au milieu de cette ivresse générale qui envahissait le cœur des Italiens à la seule pensée de la grande unité !

François II résista quelque temps encore dans la citadelle de Gaëte aux efforts de l'armée piémontaise. Puis, ayant épuisé ses dernières ressources, il livra la place et partit pour Rome sur le vaisseau français *la Mouette* (13 février 1861). Ainsi disparut le royaume des Deux-Siciles, qui formait un obstacle aux projets de M. de Cavour.

Encouragé par ses éclatants succès, Garibaldi continua sa marche et envahit les Etats pontificaux (septembre 1860). La cour de Rome, pour repousser cette agression, organisa un corps de volontaires. M. de Cavour déclara que le Piémont se trouvait menacé par la réunion de ces troupes sur les frontières. Saisissant ce prétexte, que l'imprudence de ses adversaires lui avait fourni, il donna ordre au général Cialdini de pénétrer sur le territoire romain. Le général Lamoricière se fit écraser à Castelfidardo après avoir lutté bravement à la tête des défenseurs du saint-siège (18 septembre 1860). Les Piémontais occupèrent les Etats de l'Eglise, sauf Rome et le territoire voisin de cette ville.

Sur ces entrefaites, les habitants des Marches et de l'Ombrie, réunis dans leurs comices (4 et 5 novembre 1860), décidèrent, par un vote universel, avec 131,775 suffrages affirmatifs contre 1,212 négatifs dans la première province et avec 97,040 votes affirmatifs contre 380 négatifs dans la seconde, que leurs pays feraient désormais partie de la monarchie constitutionnelle de Victor-Emmanuel.

Le roi de Sardaigne, le 22 novembre 1860, à Naples, dans la salle du trône du Palais-Royal, acceptant pour lui et ses descendants le résultat du vote que lui apportaient les commissaires et les députations des Marches et de l'Ombrie, exprima « combien il était heureux de ce que le concours de ces « estimables provinces constituât la nationalité italienne dans un Etat unique et de ce que le sort de « la patrie commune fût uni indissolublement au « sort de sa maison, liés par un pacte de liberté et « de croyance[1]. »

La cour de Rome ne pouvait supporter sans se plaindre cet amoindrissement de ses Etats. Le cardinal Antonelli chercha, par une énergique protestation, à réveiller les sympathies des pays catholiques

---

1. *Archives diplomatiques*, I, 1861.

au profit du saint-père. Le 4 novembre 1860, il con-
damna, dans une lettre énergique, la politique de la
Sardaigne. « Il ne s'agit pas aujourd'hui, écrivait-il,
« de formuler des observations et des plaintes sur le
« mode de votation abusive ; ce qu'il importe, c'est
« de censurer et de réprouver hautement un tel abus
« et un tel désordre par lesquels on chercherait à
« introduire un principe éminemment révolutionnaire
« et destructif des légitimes souverains [1]. »

Dans cette circulaire, on ne s'élevait pas seulement
contre des actes arbitraires : on contestait la légitimité et la valeur du suffrage universel lui-même. Cette
exagération allait contre le but qu'on se proposait.
La France et la Russie, après avoir retiré leurs
ambassadeurs, reculèrent devant une intervention
dont les conséquences pouvaient être très graves.

Après ces heureux résultats, le sénat italien témoi-
gna sa reconnaissance à Victor-Emmanuel, en lui
décernant, à la majorité de 129 voix contre 2, le titre
de roi d'Italie (26 février 1861). La Chambre des
députés se prononça dans le même sens à la majorité
de 293 voix contre 1.

Quelques mois après le comte de Cavour quittait la
scène du monde, emportant dans le tombeau la con-
solation d'avoir vu s'accomplir en partie la tâche qu'il

_____

1. *Archives diplomatiques*, I, 1861.

avait imposée à son esprit habile et infatigable (6 juin
1861). A cette date, en effet, deux vestiges du passé
restaient seuls debout : la Vénétie, qui par la présence des Autrichiens retardait l'indépendance complète, et le patrimoine de saint Pierre, qui enlevait à
l'Italie unifiée sa véritable capitale. Ces derniers obstacles devaient disparaître, sans grands sacrifices, au
milieu des agitations qui allaient bientôt bouleverser
l'Europe.

Lorsqu'une rivalité séculaire amena une rupture
violente entre la Prusse et l'Autriche, à l'occasion des
duchés danois (1866), le cabinet prussien tourna aussitôt les yeux du côté de l'Italie où il comptait trouver
un appui : « L'esprit pénétrant de M. de Bismarck
« avait bien vite compris qu'il fallait nouer à Flo-
« rence la grande partie qu'il devait gagner à Sadowa
« et promettre au roi Victor-Emmanuel la liberté de
« Venise, afin d'isoler l'Autriche et de neutraliser la
« France [1]. »

En face de propositions qui laissaient entrevoir la
fin de la domination étrangère, l'hésitation n'était
plus possible. Victor-Emmanuel promit son concours
et se jeta résolument dans la lutte. La campagne fut
menée avec une rapidité foudroyante. Les Autrichiens
battirent l'armée italienne à Custozza (24 juin 1866),

---

1. DE LA GUÉRONNIÈRE, op. cit., I, 368.

mais ils furent écrasés à Sadowa sous le feu des
fusils à aiguille (3 juillet). Pour éviter de nouveaux
désastres et pour arrêter la marche des Prussiens,
l'Autriche comprit qu'elle devait courber la tête.
Reconnaissant alors la justesse des observations pré-
sentées par la France à la date du 11 juin, elle céda
la Vénétie à Napoléon III et le pria de faire des
démarches en faveur de la paix (5 juillet) [1]. Le gouvernement français approuva cette conduite et offrit
aussitôt ses bons offices aux belligérants. La médiation obtint un entier succès. La Prusse qui avait
pénétré déjà dans la Bavière, consentit à entamer des
négociations avec l'Autriche.

Des préliminaires de paix furent signés à Nikols-
bourg entre les deux Etats (26 juillet). D'après l'article 6, le roi de Prusse « prenait l'engagement de
« décider le roi d'Italie son allié à donner son appro-
« bation aux préliminaires de la paix et à l'armistice
« basé sur ces préliminaires, dès que, par une décla-
« ration de l'empereur des Français, le royaume
« vénitien aurait été remis à la disposition du roi
« d'Italie [2]. »

Après le traité définitif de Prague (23 août), qui
excluait l'Autriche de la confédération germanique et

---

1. *Moniteur universel.*
2. LAWRENCE, *Commentaire sur le droit international*, II.

confirmait les conquêtes de la Prusse, l'empereur des
Français, par une convention avec l'empereur d'Autriche, acceptait le royaume Lombard-Vénitien et
s'engageait à l'abandonner aussitôt à l'Italie. Cet
arrangement ne paraissait devoir soulever aucune
objection. Néanmoins le cabinet italien, malgré le
double échec essuyé à Custozza et à Lissa, opposa
une grande froideur à toutes les démarches. Il
voyait avec peine l'immixtion de la France dans cette
affaire, et il aurait voulu obtenir directement des
mains de l'Autriche les provinces cédées. Après
quelques hésitations il se décida pourtant à mettre
de côté ses susceptibilités. Une convention d'armistice signée le 12 août fut suivie d'un traité de paix[1]
par lequel « S. M. l'empereur des Français se décla-
« rait prêt à reconnaître la réunion du royaume
« Lombard-Vénitien aux Etats de S. M. le roi
« d'Italie sous réserve du consentement des popu-
» lations dûment consultées[2]. »

Le 9 octobre, la Vénétie fut livrée par l'Autriche à
la France. Le général Lebœuf, commissaire du gouvernement français, déclara ensuite remettre le pays
cédé à lui-même, donnant aux populations, maîtresses
de leurs destinées, la faculté d'exprimer librement
par le suffrage universel leurs vœux au sujet de l'an-

---

1. Traité du 3 octobre 1866.
2. *Archives diplomatiques*, IV, 1866.

nexion. A ce propos, il indiqua, dans une allocution, quelles étaient les vues personnelles de l'empereur des Français. « Par respect pour le droit des natio-
« nalités et pour la dignité des peuples, disait-il,
« l'empereur a voulu laisser aux Vénitiens le soin de
« manifester leur vœu. Ils sont dignes de compren-
« dre cet hommage rendu à la souveraineté popu-
« laire sur laquelle reposent les gouvernements de
« France et d'Italie [1]. »

Les habitants acceptèrent aussitôt, par des suffra-ges très significatifs, la nouvelle situation qui leur était offerte (21-22 octobre).

Après la réunion de la Vénétie, la nécessité d'éta-blir le siège du gouvernement italien à Rome se fai-sait plus fortement sentir. Les agitations et les inquié-tudes de l'Europe allaient permettre aux Italiens de porter cette dernière pierre à l'édifice national [2].

_____

1. *Archives diplomatiques*, I, 1867.
2. M. Contuzzi, professeur de droit international, a nettement retracé les conditions dans lesquelles l'expédition contre Rome a été entreprise :
« Le 8 septembre apporte les nouvelles de la capitulation de
« Sedan, de l'insurrection de Paris et de la chute de Napoléon III!
« La situation diplomatique de l'Europe était changée! En effet,
« l'Allemagne se réjouissait de tout événement qui avilissait la
« France ; l'Autriche affaiblie par la défaite de Sadowa pensait à tenir
« réunies les nationalités répugnantes de son empire; l'Espagne,
« puissance de second ordre, débarrassée de la reine Isabelle, était
« toute occupée dans la lutte des partis à l'intérieur; l'Angleterre

Au moment où la lutte entre la France et l'Allemagne se poursuivait avec le plus grand acharnement, les troupes italiennes pénétraient dans les Etats de l'Eglise et venaient mettre le siège devant Rome (11 septembre 1870). La résistance fut de courte durée. Après une tentative faite inutilement pour prévenir l'effusion du sang, le général Cadorna reçut l'ordre d'ouvrir le feu contre les remparts (19 sept.). Le 20, au matin, deux brèches furent pratiquées et, quelques heures après, les Italiens arrivaient par deux portes dans la ville éternelle. Pour éviter le combat dans les rues qui aurait été sanglant, le pape fit arborer le drapeau blanc. Le général Kanzler, chef des forces papales, signa la capitulation par laquelle il remettait la place aux mains du général Cadorna. Ainsi se termina cette expédition qui avait coûté à l'Italie une centaine de soldats.

« n'avait pas d'intérêt dans la défense de la théocratie ; la Russie enfin
« se préparait sur un terrain favorable pour la révision du traité de
« Paris de 1856 !... La destinée de Rome était donc abandonnée
« entièrement aux Romains, suivant l'expression très heureuse de
« lord John Russel, à l'époque des événements de Sarnico et d'Aspro-
« monte. Le gouvernement italien, se sentant enfin libre de la
« soumission morale de la France, dénonça la Convention et courut
« délivrer les Romains de la barbarie théocratique, au milieu de
« l'enthousiasme national ». *La loi sur les prérogatives du Souverain Pontife et du Saint-Siège*, p. 17.

On regrette de trouver dans ce livre des expressions acerbes à l'adresse de la France vaincue. La maxime « *Vœ victis* » se trouve justifiée une fois de plus.

Le 29 septembre, fut affichée la proclamation de
la junte aux Romains qui proposait la formule
du plébiscite : « Nous voulons notre union au
« royaume d'Italie sous le gouvernement de Victor-
« Emmanuel II et de ses successeurs [1] ». Le vote
donna pour résultat 133,681 oui contre 1,507 non
(2 octobre).

Le 9 octobre, Victor-Emmanuel reçut les députations de Rome et des provinces romaines avec les
paroles suivantes : « Le plébiscite, prononcé avec un
« si merveilleux accord par le peuple romain est
« accueilli avec une joyeuse unanimité dans toutes
« les parties du royaume et il consacre de nouveau
« les bases de notre édifice national, il montre une
« fois de plus que si nous devons beaucoup à la for-
« tune, nous devons bien davantage encore à la jus-
« tice de notre cause [2] ». Le roi, s'appuyant sur la
loi du 17 mars 1861 et sur les votes exprimés,
décréta la réunion définitive de Rome et des provinces romaines et affirma le principe « que la domina-
« tion temporelle de l'Eglise ayant cessé, on devait
« assurer l'indépendance et l'autorité spirituelle du
« souverain pontife [3] ».

Rome devint la capitale de l'Italie unifiée (1er fé-

---

1. *Archives diplomatiques,* II, 1874.
2. *Gazette officielle de Florence,* 9 octobre 1870.
3. *Archives diplomatiques,* II, 1874.

vrier 1871). « Ce dénouement, dit un écrivain, a ren-
« contré l'inflexible et persistante protestation de
« Pie IX. L'Europe s'est enfermée dans l'abstention
« qui s'imposait à nous-mêmes [1] ».

Après ces nombreuses applications, la théorie des
plébiscites parut oubliée au milieu du vertige qui
entraînait les nations vers le culte de la force.
Qu'importait le vœu des populations à la Prusse, qui
avait brusquement attiré à elle le Hanovre, la Hesse
électorale, le duché de Nassau, la ville libre de Francfort, les duchés de Sleswig et de Holstein (1866)!
M. de Bismark se souciait peu de consulter l'Alsace
et la Lorraine, qu'il enlevait à la France après une
guerre impitoyable. Peut-être le chancelier allemand
redoutait-il l'expression de suffrages qui auraient été
contraires à ses desseins! [2]

Mais tandis que la notion du droit tendait à s'effacer
en Europe, la France, malgré ses désastres, restait
fidèle au principe qu'elle avait soutenu avec ardeur
en des temps plus favorables. Aussi, dans une occa-

_____

1. DE LA GUÉRONNIÈRE, op. cit., I, 382.
2. M. Geffcken nous fournit une explication qui mérite d'être
signalée : « L'Allemagne n'a jamais basé la revendication de ces
« territoires (l'Alsace-Lorraine) sur les *désirs de leurs habitants*,
« mais uniquement sur les exigences impérieuses de sa propre dé-
« fense contre des agressions brutales. » Voyez *le droit international de l'Europe*, par Heffter, 4ᵉ édit., p. 439.

5

sion qui vient de s'offrir, elle a su montrer qu'elle restait attachée aux idées de justice et d'humanité.

L'île de Saint-Barthélemy dans les Antilles, après avoir appartenu à la domination française pendant un siècle et demi environ, fut donnée à la Suède en 1784 « en échange et par voie de compensation des « avantages résultant de l'établissement de la conces- « sion de l'entrepôt de Gothembourg pour le com- « merce et la navigation de la France ».

Cette colonie était peu utile à un pays qui n'avait dans ces parages aucune possession ; elle offrait une importance maritime assez restreinte et dès lors elle grevait sans profit le budget de la métropole. Aussi le cabinet suédois, au commencement de 1877, pro- posa à la France de lui rétrocéder cette île, qui restait attachée à son ancienne mère-patrie par la langue et les mœurs. Des négociations furent entamées, et elles aboutirent à un traité, signé le 10 août 1877, entre les deux gouvernements [1].

L'article 1 de cette convention portait : « S. M. le « roi de Suède et de Norwège rétrocède à la France « l'île de Saint-Barthélemy et renonce, en consé- « quence, pour lui et tous ses descendants et suc- « cesseurs, à ses droits et titres sur la dite colonie.

---

1. Voyez le rapport de M. Jules Godin, député. *Journal officiel* du 29 janvier 1878.

« Cette rétrocession est faite sous la réserve expresse
« du consentement de la population de Saint-
« Barthélemy, et, en outre, aux conditions énumé-
« rées dans un protocole spécial qui sera annexé au
« présent traité et considéré comme faisant partie
« intégrante ».

La population de l'île, ayant été consultée, se prononça pour la réunion aux possessions françaises par
351 voix et quelques abstentions. Dans la séance du
22 janvier, M. Lacascade, appuyant le projet qui portait approbation du traité, prononça les paroles suivantes : « Pour obéir à des visées politiques autant
« qu'à des nécessités commerciales, un monarque
« avait cédé, il y a tantôt un siècle, à un autre
« monarque, toute une population française, et avait
« rivé à une métropole étrangère une petite colonie
« à laquelle rien ne la rattachait jusqu'alors, ni l'in-
« térêt matériel, ni le sang, ni le drapeau. Aujour-
« d'hui, Dieu merci! le droit public européen est bien
« modifié sous ce rapport; aussi la rétrocession de
« l'île Saint-Barthélemy ne vous a-t-elle été soumise
« qu'après un vote solennel et libre, qu'après un
« véritable plébiscite de la population de l'île [1] ».

Le traité du 10 août fut approuvé par le Parlement
français, et le 15 mars 1878 le roi de Suède, relevant

---

1. *Journal officiel* du 23 janvier 1878.

les habitants de l'île de tout lien de sujétion, disait dans sa proclamation : « Lorsque nous sommes « entrés en négociations avec le gouvernement fran- « çais au sujet de la rétrocession de l'île Saint- « Barthélemy à la France, l'unique sentiment qui « nous guida fut la conviction qu'ainsi il serait pourvu « de la meilleure manière aux intérêts de la colonie. « L'unanimité avec laquelle vous vous êtes prononcés « en faveur d'une union à la France a confirmé cette « conviction en démontrant que les liens naturels qui « vous unissaient jadis à cette grande et noble nation « n'ont rien perdu de leur force [1] ».

Telle est l'histoire de cette théorie qu'il nous faut maintenant discuter et apprécier.

CHAPITRE II.

Examen critique de la théorie.

L'idée de soumettre aux populations les traités portant des cessions de territoires a soulevé de grandes

---

1. En vertu d'une déclaration signée le 29 juin 1880 par le roi Pomaré V et le commissaire de la République française aux îles de la Société, la souveraineté pleine et entière de tous les territoires

coutroverses. Tandis que d'un côté on exagère les bienfaits de la théorie nouvelle, d'un autre côté on se livre, sans raisons sérieuses, à des attaques passionnées. Les écrivains qui se prononcent contre les plébiscites appliqués aux changements territoriaux des Etats suivent des voies différentes. Les uns, à l'exemple du cardinal Antonelli dans sa fameuse protestation, contestent le fondement même du vote populaire ; les autres, comme le ministre de François II, se contentent de signaler des abus et des dangers possibles.

En premier lieu, on a prétendu que le système du suffrage universel étendu à de pareilles questions devait entraîner la ruine et la destruction de tout Etat. Reconnaître aux habitants du pays cédé le droit de se prononcer sur des modifications de territoires, c'est, a-t-on dit, admettre un principe « pleinement « réprouvé par les lois immuables de la justice, les « maximes générales du droit des gens, les bases « fondamentales de l'ordre social et civil. » Cette objection ne saurait séduire ceux qui écoutent leur raison plutôt que leurs sentiments. Sous quels rapports le système, maintenant admis dans les usages

---

dépendant de la couronne de Tahiti a été cédée à la France. Cette cession n'a pas été ratifiée par le vote des populations, mais elle a été soumise à l'approbation des grands chefs. Voyez DE CLERCQ, *Recueil des traités de la France*, t. XII, p. 571, 572, 624.

du droit international, offre-t-il un caractère sub-
versif? Une province, à la suite soit d'un arrangement
diplomatique, soit d'une guerre malheureuse, va être
placée sous une autre domination : il s'agit, dans
cette situation, de demander aux populations du pays
cédé quelle est leur opinion sur un point aussi grave.
On apporte ainsi une limite aux caprices d'un souverain ou aux prétentions d'un vainqueur, sans introduire aucun élément de désordre au sein des divers
pays. Et puis, comment nier le droit qu'a tout peuple
de régler lui-même les conditions de son existence!
A une époque où d'une façon générale on reconnaît
que la patrie ne s'impose pas à l'individu, on ne
saurait permettre le démembrement d'un pays sans le
consentement des principaux intéressés. Une pareille
solution ne serait-elle pas illogique et cruelle ? Il faut
donc préférer le vote des citoyens aux réglementa-
tions arbitraires que fixe un congrès ou aux exigences
que dicte un conquérant[1].

---

1. M. Geffcken n'admet pas que la population du territoire cédé
soit appelée à donner son assentiment à la cession sous la forme
d'un plébiscite. Il repousse également le système de M. Bluntschli
qui exigeait tout au moins la reconnaissance de la cession par les
habitants jouissant des droits politiques et qui voyait cette reconnaissance dans l'obéissance témoignée au nouveau gouvernement.
Il conclut en disant : « La puissance qui dans sa souveraineté poli-
« tique et législative fait la cession, voilà l'unité dont l'assentiment
« est nécessaire ; exiger la sanction de la partie cédée, ce serait

Les publicistes qui ne veulent pas élargir le débat, craignant de se placer sur un terrain peu solide, cherchent à ruiner le système en montrant ses imperfections. Sans doute, disent-ils, les votes devraient être pris en considération et respectés par les gouvernements, s'ils étaient sincèrement et librement exprimés; mais le plus souvent ils seront ou obtenus par la corruption ou arrachés par la violence. Comment, en effet, les choses vont-elles se passer? On fera entrevoir aux habitants du pays cédé de grandes réformes, on leur annoncera la suppression d'impôts onéreux, la réduction du service militaire, la concession d'avantages politiques et commerciaux. Le plébiscite aura lieu avec enthousiasme dans un sens favorable à l'annexion, puis le lendemain les promesses trompeuses seront oubliées. Alors chacun, voyant toutes choses maintenues dans leur ancien état, comprendra, mais trop tard, qu'il a été victime d'une funeste imprudence.

« dans la plupart des cas demander que le vaincu sorte de la « guerre la plus injuste qu'il a commencée lui-même sans éprou- « ver aucune perte de territoire. » (*Le droit international de l'Europe*, par HEFFTER, 4ᵉ édit., p. 438.) Cette argumentation ne nous paraît pas convaincante. C'est le plus souvent le vainqueur qui, rêvant un agrandissement territorial, a cherché un prétexte pour déclarer la guerre. Dès lors, ne convient-il pas de défendre une théorie qui, une fois acceptée par l'opinion des États civilisés, deviendrait une gêne pour les conquérants!

Et puis, si les flatteries paraissent insuffisantes, on aura recours à l'intimidation. Le peuple, appelé dans ses comices, devra déposer les bulletins dans l'urne au milieu des baïonnettes ennemies. C'est dans ces conditions déplorables que s'accomplira l'incorporation du territoire au nouvel Etat. Ainsi sera sanctionnée par le suffrage universel, au détriment de la morale, une entreprise qui aura réussi grâce à une audace inouïe. M. Bluntschli paraît résumer dans son ouvrage ces défiances, lorsqu'il dit : « Cette forme est entrée dans les usages des « peuples de race latine dans les derniers temps et « par l'influence de Napoléon III. Elle répond aux « tendances démocratiques de notre époque, satisfait « le sentiment des masses, mais est exposée à un « haut degré à des abus et à la constatation de ma- « jorités factices par l'appât d'avantages offerts aux « électeurs[1]. »

Ces inconvénients signalés nous paraissent d'abord un peu augmentés pour les besoins de la cause qu'on veut défendre. Dans notre exposé historique, nous avons cité de nombreux exemples de plébiscites qui ont confirmé des changements territoriaux en Italie et nous avons rarement rencontré des pratiques blâmables. A peine quelques réclamations, émanant de princes

---

1. BLUNTSCHLI, *Droit international codifié*, n° 286.

dépossédés, ont signalé des actes répréhensibles dans deux scrutins. Les votes qui ont ratifié la cession à la France de la Savoie et de l'île Saint-Barthélemy, n'ont donné lieu à aucune protestation [1].

En admettant, du reste, la justesse de ces griefs, comment condamner un principe par ce seul motif qu'il doit entraîner des résultats déplorables s'il est appliqué par des hommes peu scrupuleux? Les doctrines les plus sages et les plus heureuses ne favorisent-elles pas souvent des desseins monstrueux? Écartant donc ces objections, nous nous demandons simplement si une conquête doit être injuste et cruelle ou si elle doit s'accomplir d'une façon régulière et humaine. La question étant posée dans ces termes, aucune hésitation n'est permise. Il faut admettre que tout traité portant cession de territoire, après avoir été conclu par les gouvernements respectifs, devra être soumis à la ratification des populations.

Cette théorie est-elle destinée à triompher dans l'avenir? Nous le croyons. A mesure, en effet, que la notion du droit tendra à prévaloir dans les relations internationales, la souveraineté des peuples exercera une influence de plus en plus grande sur la

---

1. **M.** Geffcken dit que « le plébiscite mis en scène plusieurs « mois après la prise de possession de la Savoie n'était qu'une « simple comédie. » *Le droit international de l'Europe*, par HEFFTER, 4e édit., p. 438. C'est là une affirmation purement gratuite.

politique générale. A ceux qui objecteraient que les
derniers événements du siècle donnent à notre affirmation un cruel démenti, nous répondrons, en
empruntant la plume d'un diplomate, « que la viola-
« tion de ce principe a soulevé l'indignation publi-
« que et cette protestation des consciences contre
« l'abus de la force prouve surabondamment que
« l'idée a pénétré les esprits au point de rendre
« plus difficiles à l'avenir de nombreuses oppres-
« sions [1]. »

---

1. DE LA GUÉRONNIÈRE, *op. cit.*, I, p. 436.

NATURALISATION EN ALGÉRIE

––––––––

Suivant les lois actuelles, la naturalisation est la concession, à titre gracieux, de la nationalité française. Cet acte de pure bienveillance que l'étranger sollicite, ne peut dépendre du seul caprice du pouvoir exécutif; il doit être régi par des dispositions précises, car il engage des intérêts d'un ordre supérieur. Sous quelles conditions peut-il donc se produire? Quels effets entraîne-t-il? A cette double question qui implique toute la théorie de la naturalisation, le législateur français n'a pas donné la même réponse dans tous les cas; il a établi une grande distinction entre la métropole et certaines colonies.

Pour la France continentale, la naturalisation qui pendant longtemps fut régie par les dispositions combinées de la loi du 3 décembre 1849 et du 29 juin

1867, a été organisée sur des bases nouvelles par la loi du 26 juin 1889. Voici en quelques mots le résumé de cette législation :

Sont aptes à être naturalisés[1] :

1° Les étrangers qui ont obtenu l'autorisation de fixer leur domicile en France, conformément à l'article 13, après trois ans de domicile autorisé[2].

2° Les étrangers qui ont obtenu de fixer leur domicile, après un an de domicile autorisé, s'ils ont rendu des services importants à la France[3].

3° L'étranger qui a obtenu l'autorisation de fixer son domicile, après un an de domicile autorisé, s'il a épousé une Française.

4° Les étrangers qui sans avoir obtenu l'autorisation de fixer leur domicile, peuvent justifier d'une résidence non interrompue pendant dix ans au moins.

Quoique se trouvant dans l'une de ces quatre

---

1. Article 8, n° 5, du Code civil modifié par la loi du 26 juin 1889.

2. Ce délai court du jour où la demande d'autorisation a été enregistrée au ministère de la justice.

3. C'est la naturalisation exceptionnelle. La loi du 26 juin 1889 étend le bénéfice de cette naturalisation aux étrangers qui ont été attachés à un titre quelconque au service militaire dans les colonies et dans les protectorats français. L'idée nous paraît heureuse.

catégories [1], l'étranger ne peut pas exiger la naturalisation qui doit être considérée non comme un droit, mais comme une faveur. Lorsqu'une enquête a été faite par la voie administrative sur la moralité du postulant, le chef de l'Etat accorde ou refuse le titre de citoyen français, suivant qu'il le juge convenable [2].

L'étranger naturalisé jouit de tous les droits civils et politiques. Toutefois, il n'est éligible aux assemblées législatives que dix ans après le décret de

---

1. Les deux dernières catégories d'étrangers aptes à être naturalisés ne se rencontraient pas dans la législation antérieure : elles ont été ajoutées par le législateur de 1889.

A la différence de la loi de 1867 qui exigeait l'âge de vingt et un ans, la loi nouvelle n'indique aucune condition de capacité pour la naturalisation. Faut-il déplorer une semblable lacune? Je ne le pense pas. Comme le dit justement M. Audinet : « Elle offre au « moins cet avantage de ne pas s'opposer à l'application des prin- « cipes généraux ; un individu même majeur, d'après la loi fran- « çaise, ne pourra pas être naturalisé s'il est mineur et incapable « d'après son statut personnel. » *Journal du droit international privé*, 1889, p. 204.

2. Art. 8 du Code civil modifié par la loi du 26 juin 1889. Dans ce texte, il n'est plus question de l'avis du Conseil d'Etat. Le législateur de 1889 a ainsi supprimé une formalité que beaucoup d'auteurs considéraient comme inutile. Voyez *Traité élémentaire de droit international privé*, par André Weiss, p. 120. Notre collègue fait remarquer que, d'après la constitution de 1875, le Conseil d'Etat est placé sous la dépendance exclusive du chef de l'Etat et que dès lors ses avis ne peuvent plus avoir que la valeur d'un simple conseil.

naturalisation, à moins qu'une loi spéciale n'abrège ce délai [1].

La naturalisation ne rétroagit pas dans le passé [2]. Lorsqu'elle est obtenue par un chef de famille, elle produit effet à l'égard des enfants mineurs qui deviennent Français, sauf le droit de décliner cette qualité [3].

Ce système que nous avons esquissé à grands traits est applicable à certaines colonies, mais il ne s'étend pas à nos possessions du nord de l'Afrique.

Au point de vue de la naturalisation, l'Algérie se trouve encore dans une situation spéciale, qui résulte du sénatus-consulte du 14 juillet 1865 et du décret du 21 avril 1866 [4]. C'est ce droit exceptionnel que nous

---

1. Article 3 de la loi du 26 juin 1889. Il y a dans cette disposition un souvenir de la grande naturalisation qui, admise sous la charte de 1814 et rétablie par la loi du 3 décembre 1849, avait été supprimée par la loi du 29 juin 1867.

2. Cette solution qui est conforme aux principes doit être admise, quoique l'article 20 du Code civil, modifié par la loi de 1889, ne mentionne pas le texte relatif à la naturalisation proprement dite. Voyez le *Journal de droit international privé*, 1889, p. 202.

3. Article 12 du Code civil modifié : « Deviennent Français les « enfants mineurs d'un père ou d'une mère survivant qui se font « naturaliser Français, à moins que, dans l'année qui suivra leur « majorité. ils ne déclinent cette qualité, en se conformant aux dis- « positions de l'article 8 § 4. »

4. Article 2 de la loi du 26 juin 1889 : « La présente loi est « applicable à l'Algérie et aux colonies de la Guadeloupe, de la « Martinique et de la Réunion. Continueront toutefois de recevoir

voulons étudier. Toutes les dérogations que nous
allons rencontrer ont un trait commun : elles offrent
un encouragement à ceux qui désirent être admis
parmi les citoyens français. Ainsi s'expliquent la suppression de certaines formalités et l'adoucissement
de quelques conditions. La théorie un peu plus
étroite qui est suivie en France aurait pu effrayer
les esprits timides et paralyser des tendances heureuses. Mais, dira-t-on, ces considérations très justes
existaient avec autant de force lorsqu'il s'agissait de
réglementer la naturalisation soit en France, soit
dans les autres colonies; pourquoi, dès lors, le même
système législatif n'a-t-il pas été adopté? Pourquoi
l'Algérie a-t-elle été traitée avec plus de faveur? La
réponse à ces objections vient aisément en l'esprit de
tout homme qui réfléchit un instant : elle se trouve
au fond de tous les rapports et de tous les exposés
qui ont précédé le sénatus-consulte du 14 juillet 1865.

Notre colonie africaine, qui s'étend le long du lit-
toral opposé de la mer Méditerranée, n'est séparée
du port de Marseille que par une distance évaluée à
772 kilomètres [1]; elle doit devenir, dans un temps
prochain, « le prolongement de la France », suivant

« leur application, le sénatus-consulte du 14 juillet 1865 et les au-
« tres dispositions spéciales à l'Algérie. »

1. Alger est à 1,641 kilomètres de Paris.

une expression souvent répétée. Or, ce résultat, que la perte de l'Alsace-Lorraine rend, à cette heure, encore plus souhaitable, sera atteint uniquement le jour où les Français, ayant la plénitude des droits civils et politiques [1], formeront la majorité dans nos provinces algériennes. Le nombre, joint à la supériorité morale, fera alors définitivement prévaloir notre influence. Si, au contraire, les indigènes et les étrangers qui se rattachent à la mère-patrie par un lien trop faible demeurent les plus nombreux, tout progrès important sera longtemps retardé. C'est pourtant, il faut l'avouer, ce dernier état de choses qui s'est maintenu depuis la conquête, c'est-à-dire à travers cinquante années. Les statistiques officielles ne laissent aucun doute sur ce point : elles fournissent des chiffres dont la brutale éloquence suffit à dissiper toutes les illusions et à dessiller les yeux aux moins clairvoyants.

D'après le recensement effectué en 1886 [2], la population totale de l'Algérie s'élevait à 3,752,196 habitants qui se répartissaient de la façon suivante : Français d'origine ou naturalisés, 219,627 ; Israëlites

---

1. Les indigènes sont Français, comme nous le verrons, au moins depuis le sénatus-consulte du 14 juillet 1865, mais ils ne sont pas régis d'une façon absolue par la loi française.

2. Pour la première fois, la population de l'Algérie a été recensée, en 1876, dans les mêmes conditions que celle de la France.

naturalisés en masse par le décret du 24 octobre
1870, 23,320; individus nés d'Israëlites naturalisés,
19,275; indigènes musulmans, 3,262,422; étrangers
de nationalités diverses, 227,552. De la comparaison
de ces chiffres, il résultait que les Français représen-
taient environ 7 °% de la population totale [1].

Le côté faible dans notre œuvre de colonisation
apparaît donc avec la plus grande évidence et il doit
attirer l'attention de tous ceux qui s'intéressent au
succès final de l'entreprise. Mais comment corriger
cette infériorité numérique? Par quels moyens
pouvons-nous faire cesser cette cause d'impuissance?
Chercherons-nous à attirer, dans notre colonie africaine, les habitants de la métropole en leur faisant
entrevoir des avantages considérables? Ce procédé
est excellent en théorie, mais offre-t-il une grande
valeur pratique? Chacun sait que les Français renoncent difficilement à leur pays natal et qu'ils hésitent
à se fixer dans nos possessions même les plus
voisines.

Quelques-uns, plus entreprenants, traversent la
mer Méditerranée et fondent des établissements en

1. Nous avons compris parmi les Français les Israëlites naturalisés en masse et les individus nés des Israëlites. D'après l'*Econo-
miste français*, numéro du 23 avril 1888, p. 513, les Français formaient 6 °% de la population totale, mais les Israëlites naturalisés
étaient comptés à part. **6**

Algérie, mais ils gardent toujours au fond du cœur
l'esprit de retour et, à la première occasion, ils
reviennent en France. Il ne faut donc pas trop
compter sur ce mouvement d'immigration qui, pendant de longues années encore, sera fort limité. La
vérité est ailleurs. Essayons progressivement d'assimiler à nos nationaux ces individus de races variées
qui peuplent les départements algériens. Efforçons-
nous de les rattacher étroitement à notre cause par
l'intérêt en leur permettant d'obtenir, grâce à la naturalisation, l'égalité civile et politique. Peut-être
l'application d'une loi commune amènera ce fusion-
nement que rend si difficile la diversité des religions
et des mœurs. La justesse de ces idées avait frappé
M. Delangle qui, dans son rapport au Sénat, à propos
du sénatus-consulte du 14 juillet 1865[1], disait : « Rien
« ne serait meilleur assurément que d'envoyer en
« Afrique des Français pour la peupler, la cultiver,
« lui rendre sa réputation historique de fécondité ;
« mais cela n'est pas facile, on le reconnaît. Quel
« inconvénient y a-t-il, dès lors, à ce que, de l'Afri-
« que, à son tour, sortent de nouveaux Français ? »
Ces paroles rencontrèrent des approbateurs ; elles
déterminèrent l'adoption de certaines mesures qui
marquent un grand pas dans la voie nouvelle.

---

1. SIREY, *Recueil des lois et arrêts*, 1865, III, p. 86 et suiv.

Nous allons analyser ces dispositions, édictées pendant les quinze dernières années, en examinant successivement les deux groupes d'individus qui peuvent bénéficier de la naturalisation : les indigènes et les étrangers colonisateurs.

CHAPITRE I.

Indigènes de l'Algérie.

On devait, en premier lieu, s'occuper des Musulmans et des Israélites originaires du territoire soumis à notre domination. Il s'agissait de déterminer l'état de ces indigènes qui formaient l'élément le plus important de la population algérienne. Quelle avait été l'influence de la conquête sur leur condition juridique? Étaient-ils devenus Français? Sur ce point, l'hésitation fut longtemps permise. D'abord aux termes de la capitulation d'Alger, signée le 5 juillet 1830 [1], ils n'éprouvaient aucun changement dans leur situation antérieure. De plus, suivant le texte de

---

1. Cette convention porte : « L'exercice de la religion mahomé-
« tane reste libre. La liberté des habitants de toutes classes, leur
« religion, leurs propriétés, leur commerce et leur industrie ne
« reçoivent aucune atteinte. »

diverses ordonnances, ils continuaient à être régis
par la loi musulmane et la loi mosaïque. Enfin, ils ne
pouvaient avoir acquis la qualité de Français, d'après
les règles les plus certaines du droit international,
puisque la réunion du pays vaincu à la France n'avait
pas été officiellement constatée [1]. Ce dernier motif de
doute fut supprimé par l'article 109 de la Constitution du 4 novembre 1848, qui déclara territoire français le territoire de l'Algérie [2]. A partir de ce moment,
les indigènes devenaient Français; l'application des
principes juridiques commandait cette solution.

Au reste, la controverse qui avait divisé les jurisconsultes perdit tout intérêt du jour où fut adopté le
sénatus-consulte du 14 juillet 1865. Cet acte, qui éma-
nait du pouvoir régulateur conféré au Sénat [3], reconnaissait la qualité de Français aux Musulmans et aux

---

1. La jurisprudence et quelques auteurs voyaient une réunion
virtuelle de l'Algérie à la France dans les décisions de l'ordonnance
du 10 août 1834, concernant l'organisation judiciaire et l'administration de la justice dans les possessions françaises du nord de
l'Afrique. Consultez un arrêt de la Cour de Paris du 7 février 1839
(Sir., 39, II, 334). Voyez aussi AUBRY et RAU, *Cours de droit civil
français*, t. I, p. 259.

2. Constitution de 1848, art. 109 : « Le territoire de l'Algérie et
« des colonies est déclaré territoire français et sera régi par des
« lois particulières jusqu'à ce qu'une loi spéciale les place sous le
« régime de la présente Constitution. »

3. Constitution du 14 janvier 1852, art. 27 : « Le Sénat règle par
« un sénatus-consulte la constitution des colonies et de l'Algérie. »

Israëlites de l'Algérie « sans serment à prêter, sans soumission aucune [1] ». « La nationalité accordée au « peuple arabe, disait l'exposé des motifs, est la « consécration des liens formés sur les champs de « bataille (Proclamation du 5 mai 1865.) Désormais, « l'indigène arabe déclaré Français est, en quelque « pays qu'il se trouve, sous la protection de la « France; sa nationalité établie lui assure, chez les « gouvernements étrangers, le respect de sa per- « sonne et de ses droits [2]. » Ce langage, un peu pompeux, ne doit pas nous faire perdre de vue la portée exacte de cette déclaration, qui se trouve cir- conscrite par les deux décisions suivantes, contenues dans le même sénatus-consulte :

A. — Les indigènes, même au point de vue des droits civils, ne sont pas entièrement soumis aux lois françaises ; ils gardent, notamment, leurs coutumes et lois nationales pour tout ce qui concerne le statut personnel [3]. Ainsi les questions qui se rattachent au

---

1. Art. 1, 2 du sénatus-consulte du 14 juillet 1865. — Voyez le rapport de M. Delangle déjà cité.

2. Exposé des motifs du sénatus-consulte du 14 juillet 1865, par M. Flandin, conseiller d'État, rapporteur. (*Dictionnaire de législation algérienne*, de M. DE MÉNERVILLE, t. II, 1860-66.)

3. Voyez le sénatus-consulte du 14 juillet 1865, art. 1er : « L'indi- « gène musulman est Français ; néanmoins il continuera à être régi « par la loi musulmane. » Art. 2 : « L'indigène israëlite est Français; « néanmoins il continue à être régi par son statut personnel. » La loi

mariage, à la filiation, à la constitution de la famille
sont tranchées d'après la loi de Moïse ou la loi musulmane. Les auteurs du sénatus-consulte ont voulu
éviter tout froissement : il aurait été impolitique de
heurter des préjugés fortement enracinés et de bles-
ser des convictions religieuses très ardentes. La
prudence, dans une matière si délicate, commandait
de grands ménagements.

B. — Les indigènes, au point de vue des droits
politiques, ne peuvent se prévaloir de la législation
française, car, s'ils sont Français, ils ne sont pas du
moins citoyens français '. Ainsi, en principe, ils ne
participent pas à l'exercice de la puissance publique ;
de là il résulte qu'ils ne peuvent être ni électeurs ni
éligibles dans les élections politiques pour le Sénat et
la Chambre des députés '. Toutefois, cette proposition reçoit une double dérogation fort importante.

---

du 26 juillet 1873, relative à l'établissement et à la conservation de
la propriété en Algérie, porte dans son article 7 : « Il n'est point
« dérogé par la présente loi au statut personnel, ni aux règles des
« successions des indigènes entre eux. »

1. Argument *à contrario* de l'article 1er, alinéa 3, du sénatus-
consulte : « Il peut, sur sa demande, être admis à jouir des droits
« de citoyen français. » Joignez l'article 2, § 3, *id.*

2. La loi organique du 2 août 1875, sur les élections des sénateurs, fait l'application de ces idées à propos de la composition du
collège électoral, art. 11 : « Dans chacun des trois départements de
« l'Algérie, le collège électoral se compose : 1° des députés ; 2° des
« membres citoyens français du conseil général ; 3° des délégués

1° D'abord les indigènes musulmans et israëlites peuvent être admis à servir dans les armées de terre et de mer [1]. Les conditions d'admission, de service et d'avancement sont déterminées nettement par le décret du 21 avril 1866. La durée de l'engagement est fixée à quatre ans. Dans le dernier trimestre de la quatrième année de service, l'indigène peut être autorisé par le conseil d'administration du corps à contracter un rengagement, soit pour un corps indigène, soit pour un corps français ; il a droit, en pareil cas, à une prime spéciale fixée par arrêté du ministre de la guerre. L'avancement a lieu exclusivement au choix [2]. Quel a été le but de ces dispositions favorables ? M. Delangle dans son rapport au Sénat nous l'indique : « Devenu Français l'indigène musulman « est admissible au service des armées de terre et de « mer. Il suffit qu'il en manifeste le désir pour que les « rangs lui soient ouverts. Le Gouvernement a pensé, « et il a eu raison, que de tous les moyens propres « à hâter la fusion des races, le plus efficace sans

---

« élus par les membres citoyens français de chaque conseil municipal, parmi les électeurs citoyens français de la commune. » Cet article n'a pas été modifié par la loi du 9 décembre 1881 sur l'organisation du Sénat.

1. Art. 1er § 2, et art. 2 § 2, du sénatus-consulte.
2. Voyez titre I, art. 3, 5, 6, 7 du décret du 21 avril 1866, portant règlement d'administration publique pour l'exécution du sénatus-consulte.

« contredit était la faculté offerte à une population
« essentiellement guerrière de se mêler aux rangs
« d'une armée dont ses propres défaites lui ont révélé
« la vaillance [1]. »

2° En outre, les indigènes obtiennent une autre
concession précieuse : ils deviennent aptes à remplir
des fonctions et emplois civils en Algérie [2]. Le décret
du 21 avril 1866 donne le tableau des services publics
dont l'accès leur est ouvert : Justice, administration
proprement dite à tous les degrés, instruction publique, finances, travaux publics, eaux et forêts, postes
et télégraphes [3]. Ainsi un Israélite ou un Musulman
peut être notaire, greffier, membre d'un conseil général [4], conseiller municipal [5], professeur de lycée,

---

1. Rapport de M. Delangle déjà cité.

2. Art. 1er, § 2 ; art. 2, §2, du sénatus-consulte du 14 juillet 1865.
— Joignez l'article 10, § 1er, du décret du 21 avril 1866, modifié
par le décret du 24 octobre 1870, art. 2 : « L'indigène musulman,
« s'il réunit les conditions d'âge et d'aptitude déterminées par les
« règlements français spéciaux à chaque service, peut être appelé
« en Algérie aux fonctions et emplois de l'ordre civil désignés au
« tableau annexé au présent décret. »

3. Tableau annexé au décret du 21 avril 1866.

4. La loi du 23 septembre 1875 porte dans l'article 1er : « Il y a
« dans chaque département de l'Algérie un conseil général composé
« de membres français et d'assesseurs musulmans. » L'article 5
ajoute : « Les assesseurs musulmans sont choisis parmi les notables
« indigènes domiciliés dans le département et y possédant des pro-
« priétés. Ils sont nommés par le gouverneur général et siègent au
« même titre que les membres élus. »

5. Le décret du 7 avril 1884 qui a abrogé les décrets du 27 décem-

commis de l'enregistrement et des domaines, officier
du service des douanes jusqu'au grade de capitaine
inclusivement, etc. Les indigènes titulaires de fonctions et emplois civils ont droit à la pension de retraite
suivant le système qui est applicable aux fonctionnaires civils en France ; mais, par une sage restriction, leurs veuves ne sont admises à la pension
que si le mariage a été accompli sous la loi civile
française [1].

D'après ce résumé, il est facile de voir que le sénatus-
consulte a été inspiré par des tendances généreuses à
l'égard du peuple vaincu : on a, avec raison, souvent
sacrifié les principes rigoureux à des considérations
plus humaines et plus élevées. Les indigènes sont en
définitive traités avec faveur, car désormais, sans
avoir besoin de faire des démarches auprès de l'autorité administrative, ils obtiennent un sort très convenable. Au reste, s'ils trouvent trop faibles les avantages qui leur sont reconnus, ils ont un moyen facile
d'améliorer leur condition : ils peuvent être admis,
sur leur demande, à jouir de tous les droits de citoyen
français. Grâce à cette ressource que leur offre le

_____

bre 1866, 18 août 1868 et 10 septembre 1874, déclare éligibles au
conseil municipal « les indigènes musulmans âgés de vingt-cinq
« ans et domiciliés dans la commune depuis trois ans au moins,
« inscrits sur la liste des électeurs musulmans de la commune. »
1. Tit. III, art. 10, §§ 3 et 4 du décret du 21 avril 1866.

sénatus-consulte, ceux qui voudront être régis par le
Code civil et appelés à toutes les fonctions publiques
pourront voir leurs désirs satisfaits. Nous allons examiner d'abord comment les indigènes musulmans
peuvent obtenir la naturalisation. Nous verrons
ensuite de quelle façon elle a été concédée aux indigènes israélites.

SECTION I.

DES INDIGÈNES MUSULMANS.

Par quelles dispositions est régie la naturalisation
des indigènes musulmans qui, d'après le recensement
de 1886, sont au nombre de 3,262,422 ?

Pour répondre complétement à cette question, nous
devons donner des développements assez étendus qui,
dans l'intérêt d'une bonne exposition, peuvent être
groupés sous les trois idées suivantes : conditions,
procédure, effets.

1° *Conditions*. — Les prescriptions contenues dans
les textes sont peu nombreuses et très simples : le
demandeur en naturalisation doit seulement avoir
atteint l'âge de vingt et un ans accomplis [1]. Aucune
autre condition n'est édictée : l'admission à domicile

_____

1. L'article 1er du décret du 24 octobre 1870, sur la naturalisation des indigènes musulmans et des étrangers résidant en Algérie,
porte : « La qualité de citoyen français réclamée en conformité des

et la résidence prolongée pendant plusieurs années
ne sont pas imposées aux indigènes musulmans par
le sénatus-consulte. Cette grande latitude que laisse
la législation s'explique par des motifs puissants.
L'indigène musulman, originaire de l'Algérie, n'a
pas besoin de prouver son attachement à un pays
dans lequel se trouvent tous ses intérêts et toutes
ses affections. Quelle serait l'utilité de restrictions
qui ne manqueraient pas de tout entraver sans protéger d'une façon plus efficace les intérêts de la métropole !

Pour justifier de la condition d'âge, il est loisible
de produire soit un acte de naissance, soit, à défaut,
un acte de notoriété [1]. Cet acte de notoriété est
dressé, sur l'attestation de quatre témoins, par le
juge de paix ou le cadi [2] du lieu de la résidence [3]. Il

---

articles 1 et 3 du sénatus-consulte du 14 juillet 1865, ne peut être
obtenue qu'à l'âge de vingt et un ans accomplis. »

L'article 5 de ce décret abroge l'article 4 du sénatus-consulte du
14 juillet 1865.

1. Art. 1er, alinéa 2, du décret du 24 octobre 1870, sur la naturalisation des indigènes musulmans et des étrangers résidant en
Algérie. Voyez aussi l'article 5 de ce décret qui abroge l'article 19
du titre VI du décret du 21 avril 1866.

2. Chaque tribunal musulman se compose d'un cadi, assisté
d'adels (justes).

3. Les indigènes musulmans ont la liberté de s'adresser à l'autorité de leur choix. Cette proposition était exacte même sous l'empire du décret du 21 avril 1866. Consultez à ce sujet une circulaire
du préfet d'Alger aux maires, en date du mois d'avril 1868.

doit contenir certaines énonciations [1] destinées à éclairer l'administration supérieure, notamment l'indication directe de l'année dans le courant de laquelle est né le postulant [2]. Il est délivré en brevet et dispensé d'homologation. Dans le cas d'indigence préalablement justifiée, le droit à percevoir par les greffiers de justice de paix et par les cadis est fixé à 1 fr.; de plus, le visa pour timbre et l'enregistrement ont lieu gratuitement [3].

2° *Procédure.* — Les formes dans lesquelles doivent être instruites les demandes en naturalisation sont déterminées par le décret réglementaire du 21 avril 1867 [4]. L'indigène musulman qui veut être admis à jouir des droits de citoyen français doit se

---

1. Dans le cas où le postulant est obligé de suppléer à son acte de naissance par un acte de notoriété, il convient qu'il fasse établir en même temps, par les mêmes témoins et par le même acte, sa situation au point de vue du mariage et de la famille. (Circ. du préfet d'Alger, 8 janvier 1870.)

2. Si l'acte de notoriété ne mentionnait que l'âge du demandeur, cette indication serait insuffisante. On a souvent constaté des inexactitudes de cette sorte dans les actes dressés par les cadis. Voyez la circulaire du préfet d'Alger aux maires en date du mois de novembre 1868.

3. Voyez art. 1er et 3 du décret du 5 février 1868, concernant les actes de notoriété à produire par les indigènes musulmans ou israélites, et tous les étrangers qui sollicitent leur naturalisation en Algérie. Au point de vue pratique, il est utile de consulter les autres dispositions de ce décret.

4. Ce décret a été modifié par le décret du 24 octobre 1870 sur la naturalisation des indigènes musulmans et des étrangers.

résenter en personne devant le maire ou le chef de ureau arabe de la circonscription dans laquelle il éside; il forme sa demande et déclare qu'il entend tre régi par les lois civiles et politiques de la France. Jn procès-verbal est dressé de la demande et de la léclaration [1]. Le maire ou le chef de bureau arabe rocède d'office à une enquête sur les antécédents et a moralité du demandeur [2]; ils doivent principale- nent prendre des renseignements précis sur sa situa- ion au point de vue du mariage et de la famille [3]. Le procès-verbal contenant la demande et les résul- ats de l'enquête sont transmis, suivant les cas [4], soit u préfet, soit au général commandant la division, qui envoient toutes les pièces, avec leur avis, au gouvernement général de l'Algérie [5]. Suivant les

---

1. Art. 11 du décret du 24 octobre 1870, qui abroge le texte orrespondant du décret du 21 avril 1866.

2. Art. 12 du décret du 21 avril 1866.

3. Circulaire du préfet d'Alger aux maires en date du 8 janvier 1870.

4. Chacun des trois départements de l'Algérie est divisé en ter- itoire civil et en territoire militaire. Dans le territoire civil, le réfet a la plénitude du pouvoir administratif : il est le représentant lu pouvoir exécutif. Dans le territoire militaire, le général com- nandant la division exerce toutes les attributions dévolues à 'autorité préfectorale. Consultez les articles 1, 2, 5 du décret du 11 mai 1870. Voyez aussi les articles 3, 27, 57, 76 du décret du 13 septembre 1875, relatif à l'organisation des conseils généraux en Algérie.

5. Art. 12 du décret du 21 avril 1866, combiné avec les textes cités à la note précédente. L'article 14 de ce même décret prévoit

textes primitifs, le gouverneur général faisait parvenir le dossier, avec son avis, au ministre de la justice, qui soumettait la demande à l'examen du Conseil d'État. Puis, sur le rapport du garde des sceaux et le Conseil d'État entendu, l'empereur statuait par décret [1].

Cette procédure a été modifiée par le décret du 24 octobre 1870, qui porte dans l'article 3 : « Le « gouverneur général civil prononce sur les deman- « des en naturalisation ainsi formées, sur l'avis du « comité consultatif [2]. » Ainsi le gouverneur général accorde ou refuse la naturalisation : il est investi, par une sorte de délégation, d'une prérogative reconnue antérieurement au Chef de l'État [3]. Le gouvernement de la Défense nationale avait voulu, grâce à

---

le cas où l'indigène est sous les drapeaux. Dans cette hypothèse, le procès-verbal contenant la demande et la déclaration est dressé par le chef de corps ou l'officier supérieur commandant le détachement; il est transmis ensuite, par la voie hiérarchique, avec : 1º l'état de service du demandeur ; 2º un certificat relatif à sa moralité et à sa conduite.

1. Voyez le sénatus-consulte du 14 juillet 1865, art. 4, et le décret du 21 avril 1866, tit. IV, art. 13.

2. Décret du 24 octobre 1870 sur la naturalisation des indigènes musulmans et des étrangers résidant en Algérie, art. 3 et art. 5.

3. L'article 3 du décret du 24 octobre 1870 ne saurait être considéré comme autorisant simplement le gouverneur général à donner son avis dans la procédure préparatoire. Les mots *prononcer sur* impliquent l'idée d'une décision définitive.

cette innovation, supprimer une cause de difficultés et de lenteurs.

Cette disposition n'a été abrogée formellement par aucun texte postérieur ; elle devrait donc être considérée comme ayant gardé toute sa force. Telle est la solution que paraissent admettre certains commentateurs. M. Cogordan, dans son livre sur *la Nationalité*, s'exprime de la façon suivante : « D'après le « décret de 1866, celui-ci (le gouverneur général) « devait transmettre la demande au garde des sceaux « à Paris. L'empereur statuait, le Conseil d'Etat en- « tendu. Le décret du 24 octobre 1870 habilite le « gouverneur à prononcer lui-même sur la demande « en naturalisation, après avoir pris l'avis du comité « consultatif [1]. »

Toutefois, cette manière de voir n'est pas admise en pratique. L'administration suit les règles qui étaient en vigueur avant 1870. Dans un document publié par le gouvernement civil de l'Algérie en 1879, nous lisons : « La qualité de citoyen « français ne peut être obtenue qu'à l'âge de vingt « et un ans accomplis : elle est conférée par « décret rendu en Conseil d'Etat [2]. » En outre, nous

----

1. COGORDAN, *la Nationalité*, p. 136. Voyez aussi *Dictionnaire de la législation algérienne*, p. 227.
2. *État actuel de l'Algérie*, publié par ordre de M. Albert Grévy, 1879, p. 9.

ne voyons, à aucune époque, le gouverneur général conférer par arrêtés la naturalisation. Nous trouvons, au contraire, dans le *Bulletin officiel* du gouvernement général de l'Algérie, même à la date du 16 août 1872, un décret présidentiel, contresigné par le ministre de la justice, qui admet des indigènes musulmans et des étrangers à jouir des droits de citoyen français conformément aux dispositions du sénatus-consulte du 14 juillet 1865 [1]. Dans toutes les années suivantes, les mêmes formes ont été observées. Aussi un auteur, tenant compte uniquement des faits, a pu dire : « On se retrouve aujourd'hui régi par le sénatus-« consulte [2]. » Mais il ne suffit pas de constater cet abandon de la disposition contenue dans le décret du 24 octobre 1870, il faut chercher à l'expliquer.

Dans une opinion, on a dit que le décret du 24 octobre 1870, motivé par des événements d'une gravité particulière, avait un caractère transitoire et que dès lors il devait disparaître avec l'établissement

---

1. *Bulletin officiel du gouvernement général de l'Algérie,* année 1872. Dans l'année qui a suivi le décret, c'est-à-dire en 1871, ce recueil ne constate aucune naturalisation. L'incertitude qui planait alors sur la législation empêchait de donner suite aux demandes de naturalisation. Au 1er juin 1872, on comptait 693 affaires pendantes (DE MÉNERVILLE, *Dictionnaire de la législation algérienne* t. III, 1866-1872, p. 227.)

2. PIGNON, *De l'Acquisition de la qualité de Français,* thèse de doctorat. Paris, 1877, p. 422.

d'un ordre de choses plus régulier [1]. Ce raisonnement nous paraît contraire aux principes généraux du droit. D'après une proposition généralement admise, une loi, tant qu'elle n'est pas abrogée expressément ou tacitement, conserve sa force obligatoire, alors même que les circonstances au milieu et en vue desquelles elle a été faite ont cessé d'exister [1]. Le décret du 24 octobre 1870, émanant d'un gouvernement de fait, investi des pleins pouvoirs de la souveraineté, ne pouvait cesser de produire ses effets par le seul motif que nous avons reproduit.

Il faut chercher un autre système moins arbitraire. Voici la doctrine qui nous semble préférable.

L'article 3 du décret du 24 octobre 1870, en décidant que le gouvernement général aurait le droit de prononcer à l'avenir sur les demandes en naturalisation, exigeait, comme condition, l'avis préalable du comité consultatif. Or, ce comité, dont un décret du 24 octobre 1870 [3], relatif à l'organisation politi-

---

1. Des avis du ministre de l'intérieur et du garde des sceaux autorisent cette conclusion.

2. Voyez *Cours de droit civil français,* par MM. Aubry et Rau, 4ᵉ édit., t. I, p. 56.

3. Le décret du 24 octobre 1870, relatif à l'organisation politique de l'Algérie, porte dans son article 13 : « Le comité consultatif du « Gouvernement est appelé à donner son avis sur les affaires qui « lui seront attribuées par un règlement d'administration publique, « arrêté dans les trois mois de la publication du présent décret.

que de l'Algérie, réglait la composition et les attributions, n'a pas fonctionné : il a été supprimé par un autre décret du 1ᵉʳ janvier 1871 [1]. Dès lors le gouverneur général se trouvait réduit à prendre des décisions irrégulières, puisque les formes prescrites ne pouvaient plus être fidèlement observées [2]. Le décret du 24 octobre 1870 a donc été abrogé d'une façon virtuelle. Il faut du reste applaudir à ce résultat, car l'innovation tentée par le gouvernement de la Défense nationale n'était pas heureuse. La naturalisation permet à l'indigène musulman d'exercer, même dans la métropole, tous les droits civils et politiques ; elle doit, pour cette seule considération, être l'objet d'un décret présidentiel.

Disons, en terminant, que l'article 20 du décret du 21 avril 1866 réduit à 1 franc le droit de sceau et d'enregistrement [3].

« Provisoirement, il donne son avis sur les affaires d'administration « qui ne sont pas dans les attributions des préfets. »

1. Décret du 1ᵉʳ janvier 1871, portant abrogation des décrets organiques. Dispositions nouvelles, art. 13 : « Sont également « abrogés les articles 13 et 14 du décret du 24 octobre 1870 portant « réorganisation provisoire de l'Algérie, ainsi que l'article 7 du « second décret du même jour portant fixation de l'indemnité attribuée « aux membres du comité consultatif. »

2. DE MÉNERVILLE, *Dictionnaire de la législation algérienne*, t. III, 1866-1872, p. 227.

3. L'article 4 du décret du 24 octobre 1870 sur la naturalisation des indigènes musulmans et des étrangers résidant en Algérie,

3° *Effets*. — La naturalisation produit ici ses effets
ordinaires. Elle confère la jouissance des droits
civils et politiques à ceux qui l'obtiennent [1]; elle leur
ouvre notamment l'entrée des assemblées législatives [2]. Mais les indigènes musulmans, en acceptant
dans son ensemble la législation française, consen-
tent tacitement à abandonner les dispositions de leurs
coutumes nationales qui lui seraient contraires. Leur
admission parmi les citoyens français entraîne nécessairement certains sacrifices. Ainsi du jour où ils
sont naturalisés Français, ils ne peuvent plus, par
exemple, épouser plusieurs femmes ou s'affranchir
par leur seule volonté des liens du mariage. La loi
française, en effet, n'admet pas la répudiation et elle
punit sévèrement la bigamie [3].

Ces idées sont mises en lumière avec beaucoup de

---

exige un bulletin de chaque naturalisation qui doit être dressé en
la forme des casiers judiciaires et déposé à la préfecture du département où réside l'indigène naturalisé.

1. D'après un arrêt du Conseil d'État en date du 26 décembre
1879, un indigène musulman, admis à jouir des droits de citoyen
français, est fondé à demander décharge des impôts arabes (*achour*
et *zekkat*). Cette décision nous paraît très juste.

2. Il ne faut pas tenir compte de la restriction contenue dans
l'article 2 de la loi du 26 juin 1889. En effet, d'après le sénatus-
consulte du 14 juillet 1865 qui est seul applicable, l'indigène musulman, une fois naturalisé, est admis « à jouir des droits de citoyen
français » sans aucune limitation (art. 1).

3. Art. 340, Code pénal.

netteté par M. Delangle [1] : « Mais s'ils (les indigènes)
« jugent à propos de s'élever jusqu'à la qualité de
« citoyens, la situation change. Appelés à participer
« à toutes les prérogatives qui s'attachent à ce titre,
« à exercer à l'occasion une certaine part de la sou-
« veraineté, ils ne peuvent être dans d'autres condi-
« tions que les citoyens français avec lesquels ils se
« confondent. Ce sont désormais et les mêmes droits
« et les mêmes devoirs. La loi française devient le
« guide et la règle de tous ceux qui, par naissance
« ou par choix, y sont assujettis. Si donc du statut
« qu'ils ont abandonné naissaient des droits ou des
« usages incompatibles avec la pudeur publique,
« avec le bon ordre des familles, ces droits sont
« anéantis. L'acceptation de la qualité de citoyen
« français en constitue l'abdication la plus formelle.
« Il ne peut sur le sol de la patrie exister des citoyens
« ayant des droits contradictoires. » Au reste, sous
ces restrictions, les indigènes, devenus citoyens français, ont la faculté de rester fidèles au culte musulman qu'ils continuent à exercer en toute liberté.

Quels résultats, au point de vue pratique, devait-on
attendre de l'application de ce système ? Les indigènes musulmans allaient-ils demander la naturalisation avec empressement pour manifester leur

_____

1. Rapport de M. Delangle au Sénat, déjà cité.

reconnaissance envers la métropole? Les auteurs du
sénatus-consulte n'avaient pas tous, sur ce point
essentiel, le même sentiment. Beaucoup d'entre eux,
cédant à cet enthousiasme factice que le gouvernement impérial savait provoquer chez ses trop com-
plaisants admirateurs, s'abandonnaient à des illusions
étranges, explicables seulement par leur ignorance
totale de l'Algérie. M. le conseiller d'État, rapporteur, dans l'exposé des motifs, laissait apparaître cet
optimisme : « Ce serait d'ailleurs, disait-il, une erreur
« de croire que la loi de Mahomet règne d'une ma-
« nière également absolue sur la population musul-
« mane; les Kabyles ¹, qui descendent des familles
« chrétiennes réfugiées, diffèrent des autres Arabes
« sous le triple rapport des mœurs, des lois et du
« culte même. Ce million d'hommes qui ne pratique
« pas la polygamie, dont les familles sont constituées
« à l'instar des nôtres, qui s'est montré sensible aux
« avantages de la civilisation, voudra profiter du
« nouveau bienfait que lui apportera le sénatus-
« consulte ². » Ce langage officiel rencontrait des

---

1. Les Kabyles habitent surtout dans la Kabylie, dans l'Aurès et
dans le massif des Babors. Ils sont musulmans, mais ils se mon-
trent moins attachés que les Arabes aux pratiques religieuses. Ils
acceptent volontiers notre civilisation. Toutefois, il ne faut pas
exagérer leurs tendances à s'assimiler à nous.

2. Exposé des motifs par M. le conseiller d'Etat, rapporteur, déjà
cité.

incrédules. Quelques hommes plus avisés manifestaient des appréhensions : ils redoutaient avec raison cette force d'inertie que les indigènes, aveuglés par le fanatisme, opposent à toutes nos entreprises. M. Delangle ne chercha pas à déguiser la vérité ; il indiqua avec franchise les obstacles qu'il prévoyait : « Il ne faut pas, disait-il, se faire des illusions ; elles « ne servent à rien. Il est probable, car telle est « l'impression de tous les hommes qui ont vu de près « la population arabe, que la génération actuelle ne « montrera pas un empressement égal à l'honneur « qu'on lui veut faire de l'affilier à notre nation. « C'est qu'en effet il est des liens difficiles à rompre. « On ne se dégage pas sans effort des préjugés qu'on « a apportés en naissant, que l'âge et l'éducation « ont fortifiés, que le point d'honneur ravive sans « cesse, et que la défaite a rendus pour les âmes « fières plus chers et plus sacrés. C'est du temps, de « l'exemple, des conseils de l'intérêt personnel qu'il « faut attendre le développement du principe que « pose la loi [1]. »

L'avenir devait justifier ces prévisions. Les indigènes musulmans firent preuve, en cette occasion, d'une indifférence remarquable : ils accueillirent l'innovation législative avec une grande réserve. En

---

[1]. Rapport de M. Delangle, déjà cité.

prenant une pareille attitude, ils cédèrent à diverses considérations. Incapables d'abord de s'affranchir de croyances qui développent en eux un esprit d'immobilisme, ils n'osaient pas braver le mépris et la haine de leurs coreligionnaires [1]. En outre, ils trouvaient insuffisants les avantages que comporte la qualité de citoyen français [2]. Aussi, pendant la période de 1865 à 1887 inclus, nous constatons que 705 indigènes musulmans ont seuls obtenu la naturalisa-

---

1. L'enquête agricole, faite à la fin de l'Empire, contient des dépositions curieuses.

M. Salva dit : « Il est urgent d'apporter une sérieuse attention « sur la conduite des chefs indigènes à l'égard de ceux des mem- « bres de leur tribu qui demandent à être naturalisés Français et de « les empêcher à l'avenir de les chasser de la tribu, sous prétexte « que, devenus Français, ils doivent aller vivre avec les Français. » Sidi Saïd-ben-Turkani déclare « que, depuis l'année dernière, « il demande à être naturalisé Français, et que le caïd n'a rien « négligé pour l'empêcher d'obtenir la naturalisation. » Sidi Ben-Kadja déclare également « que pour avoir demandé « la naturalisation, il a été battu par son caïd et dépouillé d'une « prairie dont il était propriétaire en vertu d'un titre signé par le « caïd lui-même ». *Enquête agricole*, 1870, p. 432.

2. M. Mercier qui connaît bien les sentiments des populations musulmanes dit à ce propos : « C'est que l'indigène algérien, arabe « ou kabyle est absolument incapable de comprendre les beautés « du régime représentatif et parlementaire. Il est, par nature, par « habitude et par religion, essentiellement aristocratique; aussi « recherche-t-il avec empressement les honneurs et les emplois. « Le Kabyle, particulièrement dans la Kabylie du Djurdjura, a des « instincts plus démocratiques, mais sa démocratie s'arrête à son « village, presque à son foyer : c'est un communaliste particula- « riste. » *L'Algérie et les questions Algériennes,* p. 289.

tion [1]. Ce nombre insignifiant nous montre bien que la confiance de certains hommes d'Etat dans l'avenir ne reposait sur aucun fondement sérieux.

SECTION II.

DES INDIGÈNES ISRAELITES.

Les indigènes israélites pouvaient, aux termes du sénatus-consulte du 14 juillet 1865, obtenir le bénéfice de la naturalisation en se conformant aux règles que nous avons étudiées à propos des indigènes musulmans [2]. Par leur esprit entreprenant et cosmopolite, ils devaient être disposés à rechercher le titre de citoyen français. C'était là une opinion très accréditée dans la métropole. M. Delangle lui-même, qui avait su échapper aux exagérations du moment, concevait aussi quelques espérances : « En suppo- « sant, disait-il, que ce ne soit là qu'une illusion « quant aux Arabes, on peut affirmer d'avance que « les plus riches et les plus considérés parmi les

---

1. *Exposé de la situation générale de l'Algérie*, présenté par M. Louis Tirman, gouverneur général de l'Algérie, 1888, p. 18.

2. Voyez le sénatus-consulte du 14 juillet 1865, article 2 : « Il « peut sur sa demande être appelé à jouir des droits de citoyen « français : dans ce cas il est régi par la loi française. » Joignez titre II du décret du 21 avril 1866.

« Israëlites se montreront impatients de pénétrer
« dans la voie qui leur est ouverte [1]. »

Sur ce point encore, l'administration devait éprou-
ver de grandes déceptions. Après un essai de cinq
années, les naturalisations atteignaient un chiffre fort
peu élevé [2]. Le sentiment religieux et surtout l'intérêt
personnel avaient arrêté le mouvement sur lequel on
avait compté dans les assemblées politiques. Les
indigènes israëlites se contentaient des modifications
avantageuses que le sénatus-consulte du 14 juillet
1865 avait apportées à leur condition : ils n'étaient
pas prêts à échanger leurs statuts contre la législation
française, qui contenait des prescriptions gênantes et
imposait des charges onéreuses. Ils voyaient surtout,
derrière le titre de citoyen français, la suppression du
divorce et le service militaire.

Telle était la tendance générale, lorsqu'arriva la
chute de l'Empire. Le nouveau gouvernement, trompé
par de fausses apparences et écoutant trop une voix
éloquente, prit une brusque décision qui causa un
certain étonnement. Le décret du 24 octobre 1870
contenait, en effet, la disposition suivante : « Les
« Israëlites indigènes des départements de l'Algérie

---

1. Delangle, rapport au Sénat, déjà cité.
2. La statistique officielle de 1865 à 1870 enregistre 200 Israëlites
naturalisés. *Etat actuel de l'Algérie*, publié par ordre de M. Albert
Grévy, p. 10.

« sont déclarés citoyens français : en conséquence
« leur statut réel et leur statut personnel seront, à
« compter de la promulgation du présent décret,
« réglés par la loi française, tous droits acquis
« jusqu'à ce jour restant inviolables. Toute dispo-
« sition législative, tout sénatus-consulte, décret,
« règlement ou ordonnance contraires sont abolis [1]. »
Grâce à cette déclaration 33,000 Juifs indigènes [2]
obtenaient en masse la jouissance complète des
droits civils et politiques : ils se trouvaient subitement
régis à tous les points de vue par la loi française [3].

Cette innovation a été vivement critiquée. Des
publicistes ont prétendu qu'en accordant aux Israélites une faveur qu'on refusait aux Musulmans, on

---

1. Voyez le décret du 24 octobre 1870 relatif à la naturalisation
collective des Israélites indigènes de l'Algérie.

2. D'après le recensement de 1886, il y avait : 23,320 Israélites
naturalisés par le décret du 24 octobre et 19,275 individus nés d'Israélites naturalisés.

3. Le Conseil d'Etat, par arrêt du 28 novembre 1879, a accordé
décharge des impôts arabes achour et zekkat au sieur Kalfallah
Assoun, Israélite naturalisé par le décret du 24 octobre 1870. Voici
l'un des considérants : « Attendu que le décret du 24 octobre 1870 a
« conféré aux Israélites indigènes la qualité de citoyens français,
« que par suite ils sont régis par la loi française, soumis aux mêmes
« obligations que les Français originaires de l'Europe établis en
« Algérie, que notamment ils sont assujettis au service militaire,
« qu'il suit de là qu'ils doivent être exemptés des impôts arabes,
« — accorder la décharge demandée. » *Revue générale d'administration*, numéro de janvier 1880, p. 57.

avait aggravé l'antagonisme entre deux races qui avaient l'une pour l'autre, depuis des siècles, une profonde aversion. Le décret du 24 octobre 1870 aurait été, suivant eux, l'une des causes de l'insurrection qui éclata sur divers points de notre colonie africaine pendant le mois de mars 1871[1]. Ils ont aussi soutenu avec beaucoup de raison que les Israélites eux-mêmes

---

1. Si Mohamed-ben-el-Hadj-Ahmed-el-Mokrani, instigateur de la révolte, se prétendit blessé dans sa dignité par le décret du 24 décembre qui englobait dans le territoire civil une partie de son commandement et aussi par le décret du 24 octobre 1870 qui conférait aux Israélites indigènes le titre de citoyens français. Lorsqu'on lui communiqua la proclamation signée par M. Crémieux et démontrant les avantages du régime civil, il répondit : « Si ma position « dans le pays doit dépendre d'un Juif, j'y renonce ; j'accep- « terais tout d'un homme portant un sabre, dût-il m'en frapper. » Quelque temps après, se rendant à Akbou, résidence de Ben-Ali-Chériff, il tint devant les kebars (notables) de diverses tribus le langage suivant : « Les civils se sont concertés pour renverser les « militaires. Ils ont travaillé à la ruine de l'empereur. Ils préfèrent « les Juifs aux Arabes. Ils n'ont de haine que contre les Arabes et « les militaires. » Consultez l'acte d'accusation lu devant la cour d'assises du département de Constantine.

Mokrani était chevaleresque. Il fit porter au commandant de Bordj-bou-Arreridj une véritable déclaration de guerre. « Si j'ai attendu « jusqu'à aujourd'hui, disait-il, pour revendiquer ma liberté, c'est « en raison seulement de la guerre soutenue par la France contre « la Prusse. Aujourd'hui la paix est faite, et je suis délié de mes « promesses... Vous connaissez la cause qui m'éloigne de vous ; je « ne puis que vous répéter ce que vous savez déjà : je ne veux pas « être l'agent du gouvernement civil. Je vous renvoie le mandat du « mois de février ; je refuse de le toucher... Je m'apprête à vous « combattre : que chacun aujourd'hui prenne son fusil ! — Adieu, « je vous salue... »

avaient accueilli avec mécontentement une mesure qui les privait pour l'avenir de nombreuses immunités [1].

Ces attaques déterminèrent en France un courant d'opinion défavorable à la naturalisation collective. Le 21 juillet 1871, les ministres de M. Thiers présentèrent à l'Assemblée nationale un projet de loi qui supprimait purement et simplement le décret du 24 octobre 1870. La commission nommée pour étudier la proposition ne voulut pas admettre un système aussi radical ; elle adopta certains tempéraments qui tendaient à ménager la transition. Elle reconnaissait aux Israélites jusqu'au 1er mars 1872, la double faculté soit, par une simple déclaration de volonté, de rester soumis quant au statut personnel à la loi civile française, soit même de réclamer la conservation des droits attachés à la qualité de citoyen français en observant certaines formalités. Après l'expiration du délai fixé, elle décidait que l'admission des indigènes israélites aux droits de citoyen français serait réglée conformément aux lois et décrets antérieurs. Le projet ainsi corrigé fut soumis à la discussion de la Chambre et repoussé grâce à l'influence de M. Crémieux [2].

_____

1. Cependant la communauté israélite d'Alger dans une déclaration affirma que le décret du 24 octobre 1870 avait été « accepté avec joie ».

2. Consultez COGORDAN, _la Nationalité_, p. 137 et suiv. Cet

Pendant que le pouvoir législatif examinait cette importante question, le Gouvernement fut obligé de prendre certaines mesures que rendait nécessaires, jusqu'à nouvel ordre, l'assimilation absolue des Juifs aux citoyens français : il se préoccupa notamment de l'inscription des individus naturalisés sur les listes électorales. Un décret du 7 octobre 1871 indique aux Israélites indigènes la manière de faire constater leur indigénat et d'être admis à exercer leurs droits électoraux.

Aux termes de ce décret, tout Israélite qui veut être inscrit ou maintenu sur les listes électorales doit, dans les vingt jours, justifier qu'il est indigène, c'est-à-dire né en Algérie avant l'occupation française ou né depuis cette occupation de parents établis en Algérie à l'époque où elle s'est produite. Cette justification se fait devant le juge de paix du domicile, soit par la production d'un acte de naissance, soit par l'attestation de sept témoins, demeurant en Algérie depuis dix ans au moins, soit enfin par toute autre preuve. La décision qui émane du juge de paix vaut titre : il en est immédiatement délivré copie sans frais.

---

ouvrage contient le projet de loi amendé par la commission. Il est intéressant de lire, à titre de curiosité, les articles 2, 4, 5, 7. D'après l'article 5, le gouverneur général statuait en son conseil sur les demandes formées par les Israélites. C'était un souvenir de l'article 3 du décret du 24 octobre 1870.

Pour chaque décision ainsi délivrée, il est dressé, en la forme des casiers judiciaires, un bulletin qui est remis à la mairie du domicile de l'indigène pour servir soit à la confection des listes électorales, soit à celles d'un registre de notoriété. Le défaut d'accomplissement de ces formalités et conditions prescrites entraîne la radiation du nom inscrit [1]. Toutes ces dispositions, qui à l'origine avaient un caractère provisoire, doivent être aujourd'hui encore considérées comme applicables, car elles sont liées d'une façon étroite au décret du 24 octobre 1870 qui a été maintenu par l'Assemblée nationale [2].

CHAPITRE II.

Étrangers colonisateurs [3].

Les étrangers qui immigrent dans les provinces de l'Algérie n'obéissent pas tous aux mêmes mobiles.

---

1. Voyez les articles 1, 2, 3, 5 du décret du décret du 7 octobre 1871. L'article 4 autorise l'Israélite dont la réclamation est rejetée par le juge de paix, à se pourvoir devant le tribunal d'arrondissement, qui statue en dernier ressort. Le pourvoi en cassation n'est pas supensif.

2. COGORDAN, la Nationalité, p. 139.

3. Nous comprenons sous cette dénomination les étrangers soit chrétiens, soit musulmans. Les immigrants les plus nombreux en

Les uns viennent demander à une contrée récemment ouverte des ressources qu'ils ne peuvent se procurer ailleurs. Les autres espèrent trouver, sous un ciel toujours beau, le rétablissement de leur santé ou les agréments d'une vie facile. Beaucoup enfin, après avoir commis des méfaits dans leur pays, veulent échapper aux poursuites de la justice et s'assurer de l'impunité pour leurs nouveaux crimes. Ceux qui appartiennent aux deux premières catégories désirent parfois s'établir dans notre colonie africaine d'une façon définitive ; ils recherchent alors la qualité de citoyen français. Le sénatus-consulte du 14 juillet 1865 [1], pour répondre à ces demandes, organise une naturalisation spéciale que nous allons étudier en suivant la méthode déjà appliquée.

1° *Conditions*. — L'étranger qui sollicite la concession des droits civils et politiques doit réunir deux conditions :

A. Être âgé de vingt et un ans accomplis. La justification de cet âge est faite par un acte de naissance et, à défaut, par un acte de notoriété dressé

Algérie sont : les Espagnols, les Italiens, les Anglais, les Allemands, les Suisses, les Marocains et les Tunisiens. Lors du recensement de 1888, on comptait 227,552 étrangers.

1. Art. 3. — L'étranger qui justifie de trois années de résidence en Algérie peut être admis à jouir de tous les droits de citoyen français.

sur l'attestation de quatre témoins par le juge de paix du lieu [1].

B. Résider depuis trois ans en Algérie. Ce fait est prouvé par des actes officiels et publics ou ayant date certaine et, à défaut, par un acte de notoriété dressé sur l'affirmation de quatre témoins par le juge de paix du lieu [2]. Dans la durée de cette résidence légale qui doit précéder immédiatement la demande en naturalisation [3], il faut compter le temps passé dans la colonie sous les drapeaux [4].

Les textes ne mentionnent aucune autre condition : la formalité de l'admission à domicile est donc abolie pour l'étranger résidant en Algérie. Comment expliquer cette suppression? Pourquoi les auteurs du sénatus-consulte du 14 juillet 1865 ont-ils accompli dans la législation algérienne une réforme qui n'a été réalisée pour la France que tardivement et après de nombreuses réclamations [5]? Diverses considérations

---

1. Art. 1er du décret du 24 octobre 1870 sur la naturalisation des indigènes musulmans et étrangers résidant en Algérie.

2. Art. 16 du décret du 24 octobre 1870.

3. Telle est la jurisprudence du Conseil d'Etat.

4. Art. 17 du décret du 24 octobre 1870.

5. M. de Tillancourt, lors de la discussion de la loi du 20 juin 1867, avait présenté un amendement qui faisait disparaître la nécessité de l'admission à domicile. Cette tentative échoua grâce à l'intervention de M. Baroche, ministre de la justice. Une nouvelle proposition, ayant le même objet, a été déposée, le 20 février 1877, sur le bureau de la Chambre par un groupe de députés. Le rap-

furent développées devant le Sénat. On prétendit
d'abord que l'établissement de tout nouveau venu sur
un territoire faiblement peuplé devait attirer l'attention publique et qu'en conséquence un acte destiné à
constater d'une façon officielle ce point de départ du
stage était superflu. Le rapporteur,[1] insistant sur cette
idée, s'exprimait dans les termes suivants : « Que,
« dans un pays où la population est immense, où les
« étrangers abondent et se renouvellent sans cesse,
« la naturalisation ait pour base nécessaire une auto-
« risation de fixer son domicile, on comprend l'utilité
« de la mesure : c'est le point de départ du contrôle
« que doit exercer l'administration sur la conduite de
« l'étranger. Mais dans les villes d'Afrique, l'admi-
« nistration connaît non pas le jour, mais l'heure
« même à laquelle l'étranger met le pied sur le sol
« africain. Il existe un lien nécessaire entre l'étran-
« ger qui arrive avec l'intention de coloniser et l'ad-
« ministration; du premier jour, le colon est soumis
« à la tutelle dont il a besoin. Or, quand, après trois

porteur de la commission chargée d'étudier ce projet de loi a,
dans la séance du 17 mars 1877, conclu à la prise en considération.
Depuis cette époque, la question semblait oubliée, lorsque la loi
du 26 juin 1889 a été promulguée. Aux termes de cette loi, des
étrangers qui n'ont pas obtenu l'autorisation de fixer leur domicile
en France, mais qui justifient d'une longue résidence, peuvent se
faire naturaliser, art. 8 du Code civil modifié.

1. Rapport de M. Delangle déjà cité.

« ans écoulés depuis son arrivée, l'étranger sollici-
« tera la naturalisation, les renseignements ne pour-
« ront manquer sur la date précise de son séjour, ni
« sur les vicissitudes auxquelles il aura été exposé, ni
« sur ses succès, ni sur ses revers, ni sur sa natio-
« nalité. » Cet argument était peu convaincant : « sé-
« rieux peut-être lorsqu'il s'agissait des petites loca-
« lités algériennes, il était sans fondement quant aux
« villes importantes [1]. »

Un autre motif plus juste fut invoqué en faveur de
l'innovation. La France devait récompenser les hommes qui apportaient la civilisation dans ses provinces
de l'Algérie. « Aujourd'hui, disait M. Delangle, l'émi-
« gration étrangère forme à peu près la moitié de la
« colonie africaine ; elle est devenue l'un des plus
« fermes soutiens de l'œuvre entreprise sur la terre
« conquise avec le sang et l'argent de la France.
« Combien d'étrangers y ont apporté des capitaux,
« de l'industrie, des méthodes perfectionnées de cul-
« ture ; combien, en associant leurs efforts à ceux de
« nos nationaux, ont contribué à changer la face de
« cette terre, qui réclamait, pour redevenir fertile, un
« travail aussi intelligent qu'obstiné ! Or, n'est-ce
« pas là un service rendu à la France, un service réel

---

1. *De l'Admission à domicile*, par M. Pignon (*Revue générale de droit, de la législation et de la jurisprudence*, mai-juin 1880).

« et qui réclame au premier chef l'attention du gou-
« vernement?[1] » Ainsi pouvait être défendue cette
importante différence que le sénatus-consulte de 1865
établissait entre la métropole et la colonie au point de
vue des conditions de la naturalisation[2].

2° *Procédure.* — Les formes que nous rencon-
trons ici ont été déjà étudiées. L'étranger résidant en
Algérie, qui veut obtenir la qualité de citoyen français, doit former sa demande devant le maire de la
commune de son domicile ou la personne qui en remplit les fonctions dans le lieu de sa résidence. Il joint
à cette déclaration qui est constatée par un procès-
verbal, les pièces et les documents destinés à éclairer
l'administration[3].

La demande est instruite conformément aux dispositions du décret du 21 avril 1866[4]. La naturalisation
est conférée par un décret présidentiel qui est rendu
après avis du Conseil d'Etat[5].

----

1. Rapport de M. Delangle déjà cité.
2. Malgré le changement apporté par la loi du 26 juin 1889, une
différence notable existe encore, au point de vue du stage, entre
la législation de la métropole et le droit de l'Algérie, puisque
l'étranger, non admis à établir son domicile, ne peut être naturalisé en France qu'au bout de dix années de résidence.
3. Art. 15, 16 du décret du 21 avril 1866.
4. Art. 12, 14 du décret du 21 avril 1866.
5. L'article 3 du décret du 24 octobre 1870 n'est plus appliqué
dans la pratique; il a été, nous l'avons dit, tacitement abrogé.
Joignez l'article 4 du sénatus-consulte du 14 juillet 1865.

. Le droit de sceau et d'enregistrement que doit payer l'étranger admis à jouir des droits de citoyen français est fixé à 1 franc [1].

Ajoutons qu'un bulletin de chaque naturalisation doit être dressé en forme de casier judiciaire et déposé à la préfecture du département où réside l'étranger naturalisé [2].

3° *Effets.* — La naturalisation donne à l'étranger non seulement la jouissance des droits civils et politiques, mais aussi certains avantages spéciaux. Ainsi elle lui permet de prétendre à une attribution de terres domaniales [3] et elle lui ouvre l'accès des services administratifs [4]. Au reste, quoique soumise dans

---

1. Art. 20 du décret du 21 avril 1866. — En France, l'étranger qui obtient la naturalisation doit verser au Trésor une somme de 175 fr. 25 cent. Lors de la discussion de la loi sur la nationalité, la Chambre des députés a refusé de voter un texte qui consacrait le principe de la gratuité. Voyez Chambre des députés, séance du 16 mars 1889. *Journal officiel,* 17 mars 1889, p. 598. Une différence notable subsiste donc, à cet égard, entre la législation de la métropole et la législation de l'Algérie.

2. Art. 4 du décret du 24 octobre 1870 sur la naturalisation des indigènes musulmans et des étrangers résidant en Algérie.

3. Loi du 30 septembre 1878, art. 2 : « Le gouverneur général « est autorisé à concéder des terres alloties... aux Français d'ori- « gine européenne et aux Européens en instance de naturalisa- « tion. » Le système des concessions gratuites est abandonné : on procède actuellement par voie d'adjudications ou de ventes de gré à gré.

4. Arrêté du gouverneur général du 12 janvier 1875 sur l'organisation des bureaux de la Direction générale des services civils, ch. III,

la colonie à des prescriptions moins étroites, elle
produit des effets qui s'étendent à la métropole elle-
même. L'étranger naturalisé peut, à coup sûr, se
prévaloir en France de son titre de citoyen et
notamment siéger dans le Parlement français[1]. On
aurait pu sans doute restreindre les conséquences de
la naturalisation conférée en Algérie; mais ce système présentait des dangers, car il fournissait des
arguments aux séparatistes. « Si la naturalisation
« est incomplète, disait un orateur[2], si elle n'accorde
« qu'une demi-nationalité, vous relâchez le lien de
« l'union; créer une nationalité algérienne, ce serait
« introduire un principe de sécession, ce serait poser
« en quelque sorte la première assise d'un Etat indé-
« pendant. La justice et la politique conseillent donc
« de conférer à la naturalisation un caractère légal
« et de lui laisser produire ses effets légaux, aussi

---

art. 7. — Arrêté du gouverneur général du 16 avril 1862, contenant
règlement sur l'admission et l'avancement dans les bureaux de
préfectures.

1. Il faut appliquer uniquement le sénatus-consulte du 14 juillet
1865, qui reconnaît à l'étranger naturalisé la jouissance « de tous
« les droits de citoyen français » et qui ne contient aucune disposition restrictive semblable à l'article 3 de la loi du 26 juin 1889.
L'étranger naturalisé en Algérie acquiert donc immédiatement
l'éligibilité aux assemblées législatives. C'est là une nouvelle
différence qui mérite d'être signalée.

2. Flandin, conseiller d'Etat, rapporteur. Exposé des motifs, déjà
cité.

« bien en France qu'en Algérie, sur toute terre
« française : la nationalité doit être une comme la
« patrie. »

Malgré les facilités que présente la législation
applicable à notre colonie africaine, on constate
que, dans la période de 1865 à 1887 inclus, 10,190
étrangers seulement ont été naturalisés Français [1].
Pourquoi ce chiffre si peu considérable? Voici la réponse qu'on peut faire à cette question. Les étrangers,
en Algérie comme en France, jouissant par le seul
fait de leur résidence de droits importants,[2] hésitent
à solliciter une concession qui est soumise à des
règles encore trop étroites. Aussi sommes-nous par-

---

1. Si l'on consulte l'état numérique par nationalité des naturalisations accordées pendant cette période, on trouve :

    3,338 pour les Allemands.
    2,948 pour les Italiens.
    1,905 pour les Espagnols.
     359 pour les Suisses.
     347 pour les Marocains.
     211 pour les Tunisiens.

2. Ces étrangers ont d'abord la jouissance de presque tous les
droits civils conformément à l'article 11 du Code civil qui donne
lieu, du reste, à des difficultés d'interprétation.

En outre, ils ont pendant longtemps été admis dans les conseils
municipaux. Décrets du 27 décembre 1866 et du 10 septembre
1874. La loi du 5 avril 1884 a fait disparaître cette anomalie. Arg·
de l'art. 164. Depuis que cette réforme, vivement demandée, a été
accomplie, on a vu le nombre des naturalisations s'augmenter
d'une façon constante. Année 1884 : 658 ; année 1885 : 835 ; année
1886 : 914 ; année 1887 : 1,743.

tisan de certaines réformes qui, en modifiant dans
un sens libéral le sénatus-consulte du 14 juillet 1865,
rendraient plus nombreuses les demandes en naturalisation. Ne conviendrait-il pas, notamment, de réduire
le stage actuellement exigé ? Une année de résidence
nous paraîtrait suffisante [1]. Ce changement ne sup-
primerait pas toute garantie, puisque l'administration
a toujours la faculté de vérifier « si, au-dessus des
« conditions officielles, il n'existe pas des raisons
« de moralité, d'ordre, d'intérêt public qui s'oppo-
« sent à ce que le réclamant soit adopté par la nation
« française ; s'il n'y a pas quelque motif de craindre
« que ce titre de citoyen qu'il ambitionne ne soit par
« lui compromis et souillé : c'est une prérogative dont
« l'exercice est prédominant et sacré [2]. »

---

1. La circulaire du gouverneur général en date du 2 novembre
1864 admet cette idée avec quelques restrictions.
2. Delangle, rapport déjà cité.

LE DROIT INTERNATIONAL MODERNE

ET LA CODIFICATION

DES LOIS DE LA GUERRE CONTINENTALE.

Lorsque tant d'écrivains, par ignorance ou plutôt par intérêt, exaltent le passé et rêvent un retour vers des idées vieillies, il est utile de mettre en lumière les grands progrès qui se sont accomplis dans le monde moral. Notre siècle, en effet, ne s'honore pas seulement des inventions scientifiques ou industrielles, il a aussi réalisé de grandes conquêtes dans une sphère plus élevée. On a accusé les peuples modernes de poursuivre avec trop d'ardeur le bien-être matériel et de négliger toute aspiration plus noble : ce reproche a été exagéré. Au moment, en effet, où la recherche de l'utile envahissait, disait-on, tous les esprits, la notion du juste s'affirmait et se précisait. Grâce aux moyens faciles de communication et à la diffusion des lumières, l'amour de l'humanité se répandait dans le monde et une solidarité plus étroite réunissait les peuples jusqu'alors divisés.

De cet admirable mouvement sont sortis des principes nouveaux qui, absolument inconnus de l'antiquité et mal définis encore dans des temps assez proches, ont changé profondément la face du droit international. Combien de pensées, considérées jadis comme des rêves irréalisables, ont pris rang parmi les usages des nations et s'imposent à la conscience du monde civilisé, en attendant qu'elles soient consacrées par le texte des traités diplomatiques.

On peut suivre pas à pas ces transformations successives dans cette branche du droit des gens qui comprend les droits et les devoirs des peuples dans la guerre continentale. D'abord les jurisconsultes ont posé cette règle fondamentale d'après laquelle toute guerre est dirigée contre un Etat et non contre les citoyens de cet Etat. Puis développant cet axiome, ils ont réclamé la protection la plus absolue pour la vie et la fortune des habitants paisibles. Enfin ils ont condamné tous les ravages et toutes les cruautés inutiles qui ne peuvent que retarder le retour à la paix.

L'œuvre accomplie était immense, et cependant elle ne pouvait satisfaire la louable ambition d'hommes toujours désireux de servir les belles causes. Depuis quelques années, on a vu surgir un projet qui d'abord a paru chimérique, mais qui actuellement

commence à être discuté sérieusement. Des philosophes et des publicistes ont pensé que, pour éviter de
nouveaux malheurs, il convenait de fixer par écrit les
usages de la guerre continentale et de les soumettre
à l'approbation des Etats civilisés. Codifier ces coutumes, tel est le grave problème qui s'agite aujour-
d'hui dans les divers pays et dont la solution importe
à coup sûr à la félicité de tous les peuples.

Il est donc intéressant d'indiquer ce qu'on peut
attendre d'une pareille idée. Sommes-nous en présence d'une dangereuse utopie ou d'un projet sérieux? Telle est la question. Pour la résoudre, il faut
se tenir en garde contre une défiance étroite, sans
toutefois s'abandonner à un enthousiasme funeste.
Désireux d'arriver à la découverte de la vérité sur un
point aussi important, nous examinerons le côté théorique, mais nous ne négligerons pas les enseignements de la pratique. Nous montrerons l'utilité d'une
pareille entreprise et nous combattrons les objections
qui se sont élevées dans divers sens. Nous nous
demanderons aussi quels essais ont été faits jusqu'ici
dans la voie nouvelle et nous montrerons par là ce
qui reste à faire pour arriver à une réforme complète
et satisfaisante.

CHAPITRE I.

Utilité d'une pareille codification.

L'idée de codifier les lois de la guerre présente des avantages considérables qui doivent, dans un avenir plus ou moins proche, lui assurer le succès. D'abord en réunissant sous une forme nette et précise des usages, jusqu'alors vagues et confus, on évitera de donner au monde le spectacle de fâcheux événements. Combien de fois les armées, en pénétrant sur un territoire, ont commis des abus, parce qu'elles ne connaissaient pas la limite exacte de leurs pouvoirs? En accomplissant ce grand changement dans le droit international, on mettra la vie et la fortune des individus à l'abri de périls multiples.

En outre, les divers Etats qui auront admis ces coutumes écrites seront liés moralement et ils ne pourront, dans la suite, méconnaître leurs signatures sans s'exposer à la réprobation de l'opinion publique. Un pays qui veut conserver son prestige hésitera toujours à violer la parole donnée.

Enfin, grâce à ce travail entrepris par des hommes sérieux, on fera disparaître de vieilles pratiques, condamnées depuis longtemps par la morale et par la justice.

Cette pensée si sage qui aurait dû trouver partout un accueil empressé, a rencontré bien des obstacles et bien des résistances. D'abord c'est le propre de toute idée nouvelle d'être combattue à son apparition par tous ceux qui ont intérêt au maintien des erreurs ou qui renoncent difficilement à leurs préjugés. Un savant faisait naguère, à propos des grandes découvertes, la remarque suivante[1] : « Sur toutes les gra- « ves questions scientifiques dont l'humanité s'est « successivement émue, et qui sont le *mieux réso- « lues* aujourd'hui, vous pouvez toujours remonter à « une époque où un homme s'est présenté pour tenir « tête à l'opinion et avoir raison seul contre le monde « entier. C'est précisément ce tout le monde qui, à « peu près, d'année en année, et surtout de généra- « tion en génération, a été obligé de s'incliner devant « un homme isolé, représentant à lui seul, contre « tous, sur ce point particulier, la raison humaine. « L'histoire des sciences nous a donné plus d'une « fois ce spectacle; il suffit de citer les noms de Co- « pernic, de Galilée, de Kepler, de Harvey, etc., et « c'est l'honneur de nos sociétés civilisées de faire

1. Notice lue par M. Faye à l'Académie des sciences, séance publique annuelle du 25 octobre 1877.

« finalement céder les préjugés les plus invétérés
« du public devant la vraie science. » Mais s'il en est
ainsi des inventions de la physique ou de la chimie, il
faut reconnaître aussi que dans le domaine de la morale, les choses ne se passent pas autrement et que la
lutte de la vérité contre l'erreur y est encore plus
ardente. Il n'est pas, du reste, difficile d'expliquer ce
fait. L'opinion publique qui dans tous les pays a
accepté avec empressement des utopies si nombreuses et qui a cédé tant de fois à de folles illusions,
croit prendre sa revanche en refusant d'entendre des
propositions sages et loyales. De là résulte cette
froideur qui sans cesse vient arrêter les plus généreux efforts.

Du reste, le plan relatif à la codification des usages
de la guerre devait être attaqué à la fois, comme il
arrive souvent, par les partisans de deux systèmes
exagérés. Les écrivains qui veulent le maintien des
luttes entre les peuples et ceux qui, au contraire, rêvent la suppression complète de ces violences, se
sont unis un instant pour combattre toute opinion
intermédiaire et pour empêcher toute transaction.
Nous devons examiner rapidement les objections
qu'on a vu surgir des deux côtés.

D'abord les partisans de la paix perpétuelle re-
poussent avec force toutes les mesures propres uniquement à corriger ou à adoucir la guerre, mais non à

la supprimer. C'est ainsi que M. Patrice Larroque s'élève avec ardeur contre cette pensée et il déclare que les mots « civilisation de la guerre » ne sauraient être accouplés ensemble. M. Pradier-Fodéré laisse voir les mêmes sentiments, lorsqu'il s'écrie : « Au « lieu de chercher à réglementer ce qui ne comporte « pas de règles, à contenir ce qui ne respecte point « de digues, les hommes dont l'esprit s'élève au- « dessus des inspirations mesquines d'un patriotisme « étroit feraient une œuvre plus efficace en déclarant « la guerre à la guerre. » Ce langage, dicté par des vues généreuses et louables, repose sur une croyance dont la fausseté éclate au premier examen. On s'imagine qu'il est possible dès maintenant d'af- franchir la terre de son plus grand fléau et de réunir les peuples dans une amitié inaltérable, mais n'est-ce point là méconnaître les enseignements de l'histoire et vouloir fermer les yeux à la lumière ? Le désir des conquêtes et la vanité feront longtemps encore verser le sang humain et accumuler des ruines. Les événe- ments tragiques de notre siècle viennent malheureu- sement à l'appui de cette assertion. La guerre, à mesure que les intérêts commerciaux et le développe- ment intellectuel amèneront parmi les hommes des tendances pacifiques, deviendra moins fréquente, mais par intervalles elle fera encore sentir ses coups terribles [1]. Il est donc plus sage de chercher à diminuer le mal qu'on ne peut faire disparaître complètement. A ce point de vue, la codification des usages de la guerre peut rendre des services incontestables, car elle mettra un frein puissant aux entraînements des passions violentes et à l'enivrement de la victoire.

Mais, après avoir déclaré que le projet nouveau était inutile au bonheur des peuples, on a prétendu sans hésitation qu'il était plein de périls, parce qu'il allait fournir des armes à la mauvaise foi et donner des moyens de justification à tous les ambitieux. Dans un travail récent, un écrivain résumait ainsi cette manière de voir : « Il est dangereux, disait-il, de reconnaître des « droits aux conquérants, parce qu'ils sont tou- « jours tentés d'en abuser, et qu'il est inutile de leur « rappeler leurs devoirs, parce qu'ils trouvent tou- « jours d'excellentes raisons pour se dispenser de les « remplir. De quoi sert à la mouche de raisonner prin- « cipes avec les araignées? Les araignées commencent « par la manger, après quoi elles démontrent savam-

---

1. Quelques écrivains considèrent la guerre non pas comme un mal inévitable, mais comme un bien.

Telle est la manière de voir professée par le feld-maréchal de Moltke dans la lettre qu'il adressa à M. Bluntschli en date du 11 décembre 1880. Cette lettre a été publiée par le journal le Nord le 5 février 1881.

« ment que l'affaire s'est passée dans toutes les règles
« et tout le monde les en croit. Il est des cas où la
« meilleure législation est de n'en pas avoir; les lois
« écrites ont cet inconvénient qu'elles légitiment tout
« ce qu'elles n'interdisent pas[1]. » Ce raisonnement, s'il
était généralisé, nous conduirait à des conséquences
qu'on ne saurait admettre. Eh quoi! l'on condamne-
rait un système excellent par cette seule raison que,
mis en pratique par des hommes déloyaux, il peut
entraîner de graves désordres? Mais avec de pareils
arguments toute institution, même excellente, ne saurait échapper aux critiques. Il s'agit ici de savoir
uniquement si la codification présente des avantages
pour les relations des peuples dans l'état de guerre,
et nous ne devons pas nous préoccuper des mauvais
desseins de certains esprits. Du reste, en matière de
droit international, l'histoire a le dernier mot pour
rétablir la justice. Elle a su flétrir Catherine II et
Frédéric II, les auteurs du partage de la Pologne,
elle frappera avec la même sévérité ceux qui, à notre
époque, voudraient imiter leur exemple.

D'après ses adversaires, la codification présenterait
encore d'autres inconvénients : elle risquerait d'augmenter les misères et les souffrances des populations

---

1. *Le nouveau droit des gens,* par M. VALBERT. *Revue des Deux-
Mondes,* 1ᵉʳ août 1877.

pendant les guerres. En effet, disent-ils, en laissant la lutte se développer dans toute sa violence, on la rendra beaucoup plus courte en durée. Aussi, poussant jusqu'au bout leur inflexible logique, ils permettent aux combattants d'employer tous les moyens pour hâter leur triomphe : « Plus les guerres, dit M. Lieber[1], sont « conduites avec vigueur, mieux s'en trouve l'huma- « nité; les guerres n'en sont que plus courtes. » C'est en appliquant cette doctrine que les généraux allemands ont bombardé l'intérieur des places fortes pour épargner, disaient-ils, la vie des assiégeants et des assiégés. Nous ne pouvons, pour notre part, accepter de pareils arguments. Les procédés barbares, loin d'abréger la durée des hostilités, exaspèrent les habitants du pays conquis et les poussent vers des résolutions extrêmes. Ainsi s'accroissent les haines et tout espoir d'apaisement s'évanouit alors pour longtemps[2].

Lorsqu'on se voit obligé de céder sur tous ces points, on cherche à s'appuyer sur des considérations d'un autre ordre. D'après certains écrivains,

---

1. *Albany-Law*, journal, 9 juin 1875.

2. M. Ch. Lucas a dit fort justement qu'une semblable façon d'agir, « au lieu de terminer la guerre, expose au péril de la perpé- « tuer ». Rapport verbal de M. Ch. Lucas à l'occasion de l'hommage du *Manuel des lois de la guerre sur terre*, publié par l'Institut de droit international (Académie des sciences morales et politiques).

les mœurs des soldats s'adoucissent et les usages
s'améliorent chaque jour. La codification des lois de
la guerre ne pourrait pas activer ce mouvement,
peut-être même elle le retarderait en donnant aux
coutumes une forme précise et définitive. Il vaut
mieux laisser à la civilisation le soin d'accomplir peu
à peu de nouvelles réformes. Ces défiances nous
paraissent résulter d'un examen trop superficiel de
la question, aussi peuvent-elles être facilement dissi-
pées. D'abord, il est certain qu'à l'heure où ce grand
travail s'accomplira, le droit de la guerre sera établi
d'après des idées absolument modernes. Les Etats,
en signant une convention générale, ne manqueront
pas de proscrire toutes les pratiques odieuses que la
barbarie des temps passés nous a léguées comme un
triste héritage. Ce n'est pas tout, les règles adoptées
ne seront pas condamnées à une fixité éternelle :
elles pourront, au contraire, recevoir des révisions
fréquentes et suivre pas à pas les progrès de l'esprit
humain.

Enfin, pour ébranler les convictions, on a eu recours à un dernier moyen : on a affirmé qu'une convention relative aux lois de la guerre manquerait de
sanction efficace et ne tarderait pas à être violée par
les combattants. Cette assertion qui émane d'esprits
pessimistes, ne doit pas jeter le découragement, car
elle est combattue par les faits eux-mêmes. N'allons

pas croire, en effet, que toutes les nations se laissent
uniquement guider par le sentiment de leur force.
Il en est encore de nombreuses qui veulent conserver
leur ascendant moral et qui, pour ce motif, exécutent
loyalement les engagements auxquels elles ont sous-
crit. Une observation facile à faire vient confirmer
cette opinion. Qu'on lise l'histoire des conflits récents,
principalement de la guerre franco-allemande, et
l'on assistera à un spectacle vraiment remarquable.
Au lendemain des luttes, on verra les gouvernements
des deux pays rivaux, ainsi que les chefs des armées,
essayer de justifier leur conduite et repousser loin
d'eux les reproches de violence. N'est-ce point là
la preuve que le respect du droit n'est pas encore
abandonné, puisqu'on hésite à méconnaître des
usages dépourvus de toute formule précise? Et s'il
en est ainsi, comment admettre qu'une convention
écrite sera foulée aux pieds par les puissances qui
l'auront signée?

Et puis, si la loyauté ne pouvait retenir des hommes
d'Etat peu scrupuleux, l'intérêt alors élèverait la
voix. Chacun comprendrait qu'en violant les règles
établies, il s'exposerait à subir des représailles et
à perdre les bénéfices de la convention. Aussi
M. Edwards nous semble être dans la vérité, lorsqu'il dit : « Si l'on objecte à une convention militaire
« internationale qu'il n'y a pas de garantie pour

« l'exécution effective de ses prescriptions, je
« réponds que les règles concernant le drapeau par-
« lementaire, le personnel médical, les balles explo-
« sibles, etc... n'ont pas été garanties plus spécia-
« lement et qu'elles ont été rarement violées. »

Malgré toutes les objections, nous croyons donc
qu'on doit désirer ardemment le jour où le projet de
codification des usages de la guerre sera enfin
réalisé et fera sentir au monde ses incomparables
bienfaits [1].

CHAPITRE II.

Premiers essais d'une pareille codification.

Restait la mise en pratique de ce plan que des
penseurs illustres soutenaient par leur approbation,
mais dont les hommes d'Etat redoutaient l'expé-
rience. Il fallait du reste commencer par une application de la théorie nouvelle à une matière spéciale.
On ne pouvait, en effet, amener d'un seul coup un
changement radical et dissiper tous les doutes. Une
occasion favorable était donc vivement attendue : elle
ne tarda pas à se présenter.

---

1. *Le droit public de l'Europe moderne*, t. II, p. 308.

A la suite de la guerre d'Italie, l'opinion publique fut émue des souffrances cruelles qu'enduraient les militaires blessés sur les champs de bataille, par suite de l'insuffisance du service médical et du désaccord existant entre les diverses nations. M. Henry Dunant, entraîné par un admirable élan de charité, se fit l'écho de ces justes protestations et organisa une propagande active dans tous les pays d'Europe. Sur son initiative, une conférence, composée de savants et d'hommes politiques, se réunit à Genève. Elle rechercha les moyens propres à améliorer la condition des soldats blessés sur les champs de bataille et résolut de faire adopter ses décisions par les puissances civilisées.

Après ces travaux et ces discussions, intervint une convention qui fut conclue à Genève, le 22 août 1864, entre les Etats suivants : Belgique, Bade, Danemark, Espagne, France, Hesse, Italie, Pays-Bas, Portugal, Prusse, Suisse et Wurtemberg [1].

Cet arrangement international n'avait pas réalisé seulement un grand progrès au point de vue de

---

1. On lit dans le préambule que les gouvernements des Etats signataires, « également animés du désir d'adoucir autant qu'il « dépend d'eux les maux inséparables de la guerre, de supprimer « les rigueurs inutiles et d'améliorer le sort des militaires blessés « sur les champs de bataille, ont résolu de conclure une conven- « tion ».

l'humanité, en sauvant la vie de nombreux soldats :
il avait, en outre, une portée plus générale, car il
allait exercer une influence salutaire sur les destinées du droit des gens. C'était, en effet, un premier
et brillant essai de codification des lois de la guerre,
c'était un précédent qu'on invoquerait ensuite pour
tenter de nouveaux efforts. On pourrait désormais
emprunter à la pratique un argument décisif qui
briserait toutes les résistances. L'éloquence des faits
réduirait au silence des adversaires toujours disposés
à dire qu'une pareille œuvre était chimérique.
M. de La Guéronnière avait bien saisi l'importance
de ce succès, lorsqu'il disait : « L'année 1865 a vu
« se consommer un acte considérable par ses dispo-
« sitions mêmes et par les améliorations qu'elles
« consacrent, considérable surtout en ce qu'il fait
« entrer dans le domaine du droit conventionnel et
« revêt de sanctions positives les lois de la guerre,
« empruntées jusqu'ici presque exclusivement au
« droit naturel ou à la coutume générale, néces-
« sairement vagues et diverses, et, en dernière
« analyse, arbitraires. » Nous croyons utile de
reproduire ici les textes importants de cette convention qui doit être regardée comme le point de
départ d'une révolution considérable dans le droit
international :

ART. 1er. — Les ambulances et les hôpitaux

militaires seront reconnus neutres, et, comme tels, protégés et respectés par les belligérants, aussi longtemps qu'il s'y trouvera des malades ou des blessés.

La neutralité cesserait si ces ambulances ou ces hôpitaux étaient gardés par une force militaire.

Art. 2. — Le personnel des hôpitaux et des ambulances, comprenant l'intendance, le service de santé, d'administration, du transport des blessés, ainsi que les aumôniers, participera au bénéfice de la neutralité lorsqu'il fonctionnera, et tant qu'il restera des blessés à relever ou à secourir.

Art. 3. — Les personnes désignées dans l'article précédent pourront, même après l'occupation par l'ennemi, continuer à remplir leurs fonctions dans l'hôpital ou l'ambulance qu'elles desservent, ou se retirer pour rejoindre le corps auquel elles appartiennent. Dans ces circonstances, lorsque ces personnes cesseront leurs fonctions, elles seront remises aux avant-postes ennemis par les soins de l'armée occupante.

Art. 4. — Le matériel des hôpitaux militaires demeurant soumis aux lois de la guerre, les personnes attachées à ces hôpitaux ne pourront, en se retirant, emporter que les objets qui sont leur propriété particulière. Dans les mêmes circonstances, au contraire, l'ambulance conservera son matériel.

Art. 5. — Les habitants du pays qui porteront

secours aux blessés seront respectés et demeureront libres. Les généraux des puissances belligérantes auront pour mission de prévenir les habitants de l'appel fait à leur humanité, et de la neutralité qui en sera la conséquence.

Tout blessé recueilli et soigné dans une maison y servira de sauvegarde. L'habitant qui aura recueilli chez lui des blessés sera dispensé du logement des troupes, ainsi que d'une partie des contributions de guerre qui seraient imposées.

Art. 6. — Les militaires blessés ou malades seront recueillis et soignés, à quelque nation qu'ils appartiendront.

Les commandants en chef auront la faculté de remettre immédiatement aux avant-postes ennemis les militaires blessés pendant le combat, lorsque les circonstances le permettront, et du consentement des deux parties.

Seront renvoyés dans leurs pays ceux qui, après guérison, seront reconnus incapables de servir.

Les autres pourront être également renvoyés, à la condition de ne pas reprendre les armes pendant la durée de la guerre.

Les évacuations, avec le personnel qui les dirige, seront couvertes par une neutralité absolue.

Art. 7. — Un drapeau distinctif et uniforme sera adopté par les hôpitaux, les ambulances et les évacuations. Il devra être, en toute circonstance, accompagné du drapeau national.

Un brassard sera également admis pour le personnel neutralisé, mais la délivrance en sera laissée à l'autorité militaire.

Le drapeau et le brassard porteront croix rouge sur fond blanc.

L'Autriche, la Russie, la Grande-Bretagne, la Grèce, le Mecklembourg-Schwerin, la Bavière refusèrent pendant quelque temps, sous divers prétextes, de se joindre aux autres puissances. Les gouvernements de la Russie et de l'Autriche prétendirent d'abord que la Convention de Genève leur semblait inutile, parce que leur service médical était fort habilement organisé. Cette résistance ne dura pas longtemps, car la guerre de 1866 vint démontrer d'une façon évidente l'avantage d'une entente générale. Tous les Etats qui n'avaient pas d'abord voulu donner leur adhésion finirent par accéder à la Convention, conformément à l'article 9 [1].

Dans la seule année 1874, on vit la Roumanie, la Perse, la République de San-Salvador, le Monté-

---

1. Cet article porte : « Les hautes puissances contractantes sont « convenues de communiquer la présente Convention aux gouver- « nements qui n'ont pu envoyer des plénipotentiaires à la confé- « rence internationale de Genève, en les invitant à y accéder; le « Protocole est, à cet effet, laissé ouvert. »

négro, la Serbie apposer leurs signatures à la Convention de Genève [1].

Depuis 1868 des modifications ont été apportées au traité primitif par des articles additionnels [2] signés à Genève le 20 octobre 1868, on a cherché à préciser davantage quelques-unes des stipulations de la Convention de Genève.

L'opinion publique est unanime pour reconnaître les grands services que la Convention de Genève a

---

1. De 1864 à 1889 les Etats suivants ont adhéré à la Convention de Genève : Autriche-Hongrie, Bade, Bavière, Belgique, Bolivie, Bulgarie, Chili, Danemark, Espagne, (Etats romains), Etats-Unis d'Amérique, France, Grande-Bretagne, Grèce; Hesse, Italie, Japon, Luxembourg, Mecklembourg-Schwerin, Monténégro, Pays-Bas, Pérou, Perse, Portugal, Prusse, République Argentine, Roumanie, Russie, Saxe, San-Salvador, Serbie, Suède et Norvège, Suisse, Turquie, Wurtemberg.

Dans ces divers pays, on a vu se former des sociétés spéciales qui, sous la protection de la Convention de Genève, sont chargées de centraliser, au profit des victimes de la guerre, les ressources de la charité privée. En France, la *Société française de secours aux blessés militaires* a été reconnue dès 1866 comme établissement d'utilité publique; elle a reçu la mission « de concourir par tous les « moyens en son pouvoir au soulagement des blessés et des ma- « lades, sur les champs de bataille, dans les ambulances et dans « les hôpitaux ». Voyez les décrets du 3 juillet 1884 et du 25 février 1889.

2. Ces articles additionnels qui étendent aussi aux armées de mer les avantages de la convention conclue à Genève (art. 6 à 15) ont été approuvés par tous les Etats signataires de cette convention.

Consultez le *Droit des gens ou des nations*, TRAVERS TWISS, t. II, p. 500 et suiv.

rendus dans ces derniers temps. On a vu, en effet, dans une large mesure, diminuer les tristes infortunes que toute guerre entraîne avec elle [1].

Afin de supprimer des rigueurs inutiles, les divers Etats de l'Europe ont aussi adopté, le 11 décembre 1868, sur la proposition de la Russie, la déclaration suivante :

« Considérant que les progrès de la civilisation
« doivent avoir pour effet d'atténuer autant que possi-
« ble les calamités de la guerre ; que le seul but légi-
« time que les Etats doivent se proposer durant la
« guerre est l'affaiblissement des forces militaires de
« l'ennemi ; qu'à cet effet il suffit de mettre hors de
« combat le plus grand nombre d'hommes possible ;
« que le but serait dépassé par l'emploi d'armes qui
« aggraveraient inutilement les souffrances des hom-
« mes hors de combat ou rendraient leur mort inévi-
« table ; que l'emploi de pareilles armes serait dès
« lors contraire aux lois de l'humanité ;

« Les parties contractantes s'engagent à renoncer
« mutuellement, en cas de guerre entre elles, à l'em-
« ploi par leurs troupes de terre et de mer de tout

---

1. La déclaration fut échangée à Saint-Pétersbourg entre l'Autriche, la Bavière, la Belgique, le Danemark, la France, la Grande-Bretagne, la Grèce, l'Italie, les Pays-Bas, la Perse, le Portugal, la Prusse et la Confédération de l'Allemagne du Nord, la Russie, la Suède et la Norwège, la Suisse, la Turquie, le Wurtemberg.

« projectile d'un poids inférieur à 400 grammes, qui
« serait ou explosible ou chargé de matières fulmi-
« nantes ou inflammables [1]. »

« Elles inviteront tous les Etats qui n'ont pas
« participé à l'envoi de délégués aux délibérations
« de la commission militaire internationale réunie à
« Saint-Pétersbourg, à accéder au présent engage-
« ment. »

. . . .

« Les parties contractantes ou accédantes se
« réservent de s'entendre ultérieurement, toutes
« les fois qu'une proposition précise serait formulée
« en vue de perfectionnements à venir que la science
« pourrait apporter dans l'armement des troupes,
« afin de maintenir les principes qu'elles ont posés
« et de concilier les nécessités de la guerre avec les
« lois de l'humanité. »

Cet acte international est venu compléter utilement
l'œuvre réalisée en 1864 [2].

---

1. Le gouvernement prussien proposait la suppression de plusieurs engins de destruction dans une note du 29 juin 1868, mais
cette offre fut repoussée par l'Angleterre dès le principe.

2. M. Geffcken, s'appuyant sur la circulaire de Bismarck du
2 janvier 1871, dit : « La France cependant a violé cette convention à
« différentes reprises en 1871. » Cette accusation est formulée en
termes trop vagues pour pouvoir être discutée. Du reste, M. Geffcken
lui-même admet qu'il s'agit de faits isolés accomplis dans des
conditions particulières. — « Il faut croire, dit-il, que ces infrac-

Ces premières tentatives qui avaient si bien réussi, auraient dû encourager les hommes politiques et les philosophes à persister dans cette voie. Cependant il faut reconnaître que l'idée de codifier les lois de la guerre a fait dans la pratique peu de progrès : on a craint de rencontrer des obstacles insurmontables dans la résistance des gouvernements et peut-être aussi dans l'indifférence du public. Les événements violents qui ont bouleversé l'Europe et qui ont porté un coup terrible à l'ancien équilibre, ont contribué aussi à arrêter toute manifestation généreuse. Toutefois, au moment où la force brutale semblait tout menacer, un appel à la raison et à l'humanité s'est élevé au milieu du bruit des armes et a de nouveau attiré l'attention générale. Ce fait qui est resté isolé et qui a été peu important pour ses résultats, est cependant une manifestation remarquable des tendances nouvelles. A ce point de vue, il mérite d'être étudié, car il dénote de la part des cabinets européens des préoccupations jusqu'alors inconnues.

Dans le courant du mois d'avril 1874, le prince Orlow fit savoir que le cabinet de Saint-Pétersbourg préparait un projet « embrassant l'ensemble des

---

« tions étaient commises par les soldats dans l'acharnement du « combat contre la volonté des officiers. » Le droit international de l'Europe, par HEFFTER, 4ᵉ édit. p. 281.

« faits inhérents à l'état de guerre, et destiné à
« fixer les règles qui, adoptées d'un commun accord
« par tous les Etats civilisés, serviraient à diminuer
« autant que possible les calamités des conflits inter-
« nationaux, en précisant les droits et les devoirs des
« gouvernements et des armées en temps de guerre ».

Des invitations furent adressées aux divers cabinets, afin d'arriver à la réunion d'une conférence à
Bruxelles. Les négociations furent poursuivies rapidement et, le 27 juillet, on vit arriver dans la capitale
de la Belgique les délégués de treize Etats européens.
Les Etats-Unis, par suite d'un malentendu diplomatique, ne se croyant pas officiellement invités, ne
voulurent prendre aucune part à cette réunion.
Quant au Portugal et à la Turquie, ils ne tardèrent
pas à se joindre aux autres puissances. Parmi les
représentants des divers pays, on comptait dix-huit
militaires, dix diplomates et quatre jurisconsultes.

On a beaucoup commenté dans le monde politique
et dans la presse l'initiative qu'avait prise la cour de
Russie en cette occasion. Des écrivains qui cherchent partout des plans compliqués et des desseins
perfides, ont prétendu que les ministres russes avaient
voulu pour l'avenir faciliter l'exécution de rêves ambitieux. Nous ne pouvons adopter cette manière de
voir. Pourquoi l'empereur Alexandre, frappé des dernières luttes qui avaient été si violentes, n'aurait-il

pas tenté dans un but généreux d'empêcher le retour
de toutes ces horreurs? « On a cru y découvrir une
« pensée d'intrigue, dit M. Bluntschli[1]. Il n'en est
« rien. La pensée, toute humaine, est venue de
« l'empereur de Russie, qui a considéré les maux de
« la guerre précédente, et en a été épouvanté. Dé-
« sormais ceux qui prennent part à la lutte, ce ne
« sont plus des armées, mais des peuples en armes.
« La grandeur des moyens excite la violence des pas-
« sions. L'empereur de Russie a voulu faire en
« Europe ce que le président Lincoln avait fait en
« Amérique. »

Dès qu'elle fut réunie, la conférence commença ses
travaux qui durèrent pendant un mois. Dans sa seconde assemblée plénière, elle confia l'examen du
projet russe à l'étude d'une commission de treize
membres. Après cinq séances plénières et dix-neuf
séances de la commission, les délégués adoptèrent un
projet de déclaration qui modifiait[2] le texte primitif
du cabinet russe et qui contenait 56 articles relatifs
aux points suivants :

1. De l'autorité militaire sur le territoire ennemi.

2. Qui doit être reconnu comme partie belligé-
rante ; — des combattants et des non combattants.

---

1. *Revue de droit international*, année 1875, p. 90.
2. Dans ce projet on a supprimé cinq paragraphes qui renfer-
maient des principes généraux.

3. Des moyens de nuire à l'ennemi.

4. Des sièges et des bombardements.

5. Des espions.

6. Des prisonniers de guerre.

7. Des malades et blessés.

8. Des pouvoirs militaires à l'égard des personnes privées.

9. Des contributions et réquisitions.

10. Des parlementaires.

11. Des capitulations.

12. De l'armistice.

13. Des belligérants internés et des blessés soignés chez les nations neutres.

La discussion devint assez vive, lorsqu'on voulut déterminer l'étendue des droits de l'armée occupante dans le pays envahi. Mais il fut surtout difficile de préciser les conditions sous lesquelles on peut être traité comme belligérant. Les délégués considéraient trop la situation politique de leurs pays respectifs et ils proposaient des dispositions empreintes de cet esprit. Ils étaient aussi peu disposés à chercher une conciliation et à abdiquer leurs idées préconçues, parce qu'ils n'avaient pas reçu une mission bien étendue et qu'ils craignaient d'engager l'avenir. Aussi M. le baron Jomini disait dans son rapport : « Nous « n'avons pas la ressource de recourir aux votes. Ce « mode de solution nous était interdit par la nature

10

« même de notre conférence. D'autre part, MM. les
« délégués étaient liés par les instructions de leurs
« gouvernements, qui eux-mêmes étaient liés par
« leurs institutions. L'initiative de la transaction sous
« notre nom nous était donc rendue difficile[1]. »

Le 27 août la conférence se sépara. Le gouvernement russe conseilla aux cabinets des diverses
nations d'examiner soigneusement le projet de déclaration, et fit entrevoir la pensée de réunir une nouvelle
conférence l'année suivante[2]. Ces propositions rencontrèrent peu d'enthousiasme : aussi ne reçurent-
elles aucune suite.

Comment expliquer cet échec qu'a subi la tentative
du gouvernement russe ? On peut facilement indiquer
les causes qui ont rendu ces efforts infructueux.

D'abord le congrès fut tenu à Bruxelles en 1874,
c'est-à-dire à une époque peu favorable. On était au
lendemain d'une guerre longue et acharnée qui avait
éveillé des craintes légitimes. Chaque pays songeait
à préparer ses armements et paraissait peu disposé à
écouter un langage pacifique.

---

1. *Le nouveau droit des gens*, par M. VALBERT. *Revue des Deux-
Mondes,* 1er août 1877.

2. Cette conférence devait se réunir à Saint-Pétersbourg.
Elle était appelée « à continuer l'œuvre de celle de Bruxelles,
« qui avait laissé bien des *desiderata* à réaliser et bien des lacu-
« nes à remplir. Mais les points noirs qui surgirent à l'horizon
« politique ne permirent pas de donner suite au projet de la con-
« férence de Saint-Pétersbourg. » Rapport de M. Ch. Lucas, déjà cité.

En outre, les militaires se trouvaient en grand nombre dans la conférence, tandis que les jurisconsultes et les diplomates y étaient faiblement représentés. Or les officiers, habitués à commander, n'apportent pas dans les discussions un esprit assez conciliant; de plus, ils ne veulent admettre ni entraves à leurs résolutions, ni limites à leur liberté d'agir. On devait donc assister à des débats assez décousus et dès lors peu profitables.

Enfin en présence de certaines questions mal posées, les petits Etats, tels que la Belgique et la Suisse, se crurent menacés dans leur existence et craignirent, en signant le projet, de se condamner à une perte inévitable. Comment accepter des dispositions qui favorisaient et qui paralysaient tout esprit de patriotisme? Un pareil projet qui, au profit de quelques grandes puissances, supprimait tout dévouement des populations « ne pouvait être agréé par les petits « Etats que leur faiblesse condamne à la défensive. Ils « réussissent quelquefois à parer les coups qu'on leur « porte; mais, s'ils sont exposés à voir envahir leur « héritage, ils ne peuvent se flatter d'envahir celui « des autres[1]. »

Du reste ces défiances furent partagées par l'Angleterre qui accueillit avec froideur toutes les démar-

---

1. Dépêche du comte Derby du 20 janvier 1875.

ches de la Russie. La nation anglaise, qui tient à honneur de marcher à la tête de la civilisation, manifesta en cette occasion un certain dédain et refusa formellement sa participation « à tout arrangement « qui aurait pour but de faciliter les guerres d'agres- « sion et de paralyser la résistance patriotique d'un « peuple envahi. »

Quoi qu'il en soit, cet insuccès ne doit pas décourager ceux qui poursuivent un but si louable. Qu'on reprenne donc l'étude de « ces importantes questions « dont le règlement, s'il résultait d'une entente géné- « rale, serait un progrès réel pour l'humanité ! » Peut-être, grâce à l'influence d'hommes éminents, le projet d'une codification,[1] présenté dans des cir-

---

1. L'Institut du droit international a publié, en 1880, un manuel intitulé : *Les lois de la guerre sur terre*. Dans un avant-propos, il prend soin d'expliquer quel but il veut atteindre. Il n'ose pas, pour le moment du moins, proposer la conclusion d'un traité diplomatique, mais fidèle observateur de ses statuts « il croit remplir un « devoir en offrant aux gouvernements un manuel propre à servir « de base, dans chaque Etat, à une législation nationale, conforme « à la fois au progrès de la science juridique et aux besoins des « armées civilisées. »
Notons que dans divers pays, notamment en Russie, en Hollande, en Serbie, des manuels relatifs aux lois de la guerre ont été publiés sur l'initiative des gouvernements. En France, le ministère de la guerre a ordonné, en 1878, la publication d'un manuel de droit international à l'usage des officiers de l'armée de terre.
Rappelons à ce sujet que durant la guerre de sécession, le

constances plus propices et dépouillé de certaines questions irritantes, réunira enfin tous les suffrages !

---

président Lincoln fit rédiger par M. Lieber des instructions pour les « armées en campagne de l'Union américaine ».

Consultez le rapport de M. Ch. Lucas, déjà cité.

L'ASSISTANCE JUDICIAIRE

ET

LES ÉTRANGERS EN FRANCE.

Le législateur français a compris que, dans une société démocratique, il convenait de faciliter l'accès des tribunaux à ceux qui veulent défendre leurs droits, mais qui, à raison de leur pauvreté, ne peuvent débourser des sommes souvent considérables. Ainsi s'explique la loi du 21 janvier 1851 relative à l'assistance judiciaire [1]. Cette loi, qui répond aux tendances libérales de notre époque, dispense de toute avance les indigents qui veulent ester en justice [2].

---

1. Cette loi a été étendue à l'Algérie par le décret du 2 mars 1859. Les décrets du 18 juin 1884 et du 3 mai 1888 ont aussi organisé l'assistance judiciaire en Tunisie.

2. L'assistance judiciaire peut être réclamée en toute matière contentieuse devant les juges de paix, les tribunaux civils, le Tribunal de commerce, les Cours d'appel, la Cour de cassation. On discute sur le point de savoir si elle peut être accordée en matière gracieuse.

Voici, du reste, le résumé de ses dispositions qui sont très simples et très claires :

Le plaideur qui veut obtenir l'assistance, adresse au procureur de la République du tribunal [1] de son domicile une demande accompagnée :

1° D'un extrait du rôle des contributions ou d'un certificat du percepteur de son domicile constatant qu'il n'est pas imposé ;

2° D'une déclaration d'indigence affirmée sincère devant le maire de la commune de ce même domicile [2].

Cette demande est transmise par le parquet au bureau établi près le tribunal compétent [3] qui, après

---

1. Nous supposons une affaire rentrant dans la compétence du tribunal civil. S'il s'agit d'un appel à porter devant la Cour ou d'un pourvoi en cassation, il faut adresser la demande au procureur général près la Cour d'appel, ou au procureur général près la Cour de cassation. Art. 8 et 9.

2. Art. 10. Le maire lui en donne acte au bas de la déclaration. Une décision du ministre de la justice, du 11 octobre 1884, précise le rôle du maire en ces termes : « La loi n'exige donc qu'un « simple acte, donné par le maire, de la déclaration qui lui est « faite. Alors même qu'il a des motifs de croire la déclaration « inexacte, ce magistrat ne peut refuser de la signer ; il ne se « porte pas, en effet, garant des énonciations qu'il a pour devoir « de transcrire. » *Revue générale d'administration*, février 1885, p. 192.

3. L'article 2 nous dit que ce bureau est composé : « 1° Du « directeur de l'enregistrement et des domaines, ou d'un agent de « cette administration délégué par lui ; — 2° D'un délégué du pré- « fet ; — 3° De trois membres pris parmi les anciens magistrats, les

avoir pris les informations nécessaires et entendu les parties, accorde l'assistance, si l'indigence lui paraît démontrée. A la suite de cette décision qui, du reste, n'est pas motivée et qui en principe n'est susceptible d'aucun recours, le bâtonnier de l'ordre des avocats, le président de la chambre des avoués et le syndic des huissiers sont invités à désigner l'avocat, l'avoué et l'huissier qui prêteront leur ministère au plaideur.

L'assisté est affranchi provisoirement du paiement des sommes dues au Trésor pour droits de timbre, d'enregistrement et de greffe, ainsi que de toute consignation d'amende. Il est aussi exempté provisoirement du paiement des sommes dues aux greffiers, aux officiers ministériels et aux avocats pour droits, émoluments et honoraires. Les actes de la procédure faite à la requête de l'assisté et les titres produits par lui pour justifier de ses droits et qualités sont visés pour timbre et enregistrés en débet. Les frais de transport des juges, des officiers ministériels et des experts, les honoraires de ces derniers et les taxes des témoins dont l'audition a été autorisée par le tri-

---

« avocats ou les anciens avocats, les avoués ou les anciens avoués,
« les notaires ou anciens notaires. Ces trois membres seront nom-
« més par le tribunal civil. »

bunal, sont avancés par le Trésor, conformément à l'article 118 du décret du 17 juin 1811 [1].

Le recouvrement des droits et avances dépend de l'issue du litige.

Si l'assisté gague le procès et si son adversaire est condamné aux dépens, l'administration de l'enregistrement et des domaines poursuit contre ce dernier le recouvrement de tous les droits, frais de toute nature, honoraires et émoluments auxquels l'assisté aurait été tenu, s'il n'y avait pas eu assistance judiciaire [2]. Les sommes ainsi recouvrées sont immédiatement réparties entre les divers ayants droit [3].

Si l'assisté perd le procès et s'il est solvable, l'Administration recouvre contre lui les droits afférents aux actes dont la loi prescrit l'enregistrement dans un délai déterminé, les amendes dues pour contravention aux lois sur le timbre, les avances faites pour frais de transport, pour honoraires d'experts et taxes de témoins [4]. Mais aucune action n'est possible pour les droits de timbre et d'enregistrement des actes de la procédure, les droits afférents aux actes dont la loi

---

1. Sur tous ces points, il faut consulter l'article 14.

2. Art. 17 et 18. Le recouvrement s'opère alors au moyen d'un exécutoire délivré par le greffier.

3. Art. 18. La créance du Trésor, tant pour ses avances de deniers que pour les droits de greffe, d'enregistrement ou de timbre, a la préférence sur celle des autres ayants droit.

4. Art. 19,

n'exige pas l'enregistrement dans un certain délai [1],
les émoluments et honoraires des officiers ministériels
et des avocats.

L'assistance peut être retirée en tout état de cause,
s'il survient à l'assisté des ressources recon-
nues suffisantes ou s'il a surpris la décision du
bureau par une déclaration frauduleuse [2]. Le retrait
de l'assistance a pour effet de rendre immédiatement
exigibles les droits, honoraires, émoluments et avances de toute nature dont l'assisté avait été dispensé [3].
En outre, s'il a pour cause une déclaration fraudu-

---

1. M. de Vatisménil, dans son rapport, a donné sur ce point une
explication très nette. « Il nous a paru, a-t-il dit, que dans les
« sommes dont le Trésor peut se trouver à découvert, il convenait
« d'admettre des distinctions. Lorsque ces sommes consistent dans
« les droits de timbre, de greffe et d'enregistrement des actes dont
« l'enregistrement n'est pas exigé dans un délai fixe, mais seule-
« ment dans le cas où l'on en fait usage, nous pensons que, sauf
« le cas de retrait de l'assistance, la loi ne doit pas donner au Tré-
« sor d'action contre l'assisté ; car alors il n'y a pour le Trésor
« qu'un manque à gagner ; les droits en question n'auraient
« pas existé si le procès n'avait pas été intenté ; il s'agit donc
« d'un impôt purement accidentel, dont la remise doit être faite à
« un contribuable indigent. Mais à l'égard des actes dont la loi
« exige l'enregistrement dans un délai déterminé, le droit était
« acquis au Trésor indépendamment du procès, et lors même qu'il
« n'y aurait été fait aucun usage de ces actes, il ne doit donc pas y
« renoncer, il doit seulement ajourner la perception jusqu'à la fin
« du litige. »
2. Art. 21.
3. Art. 24.

louse, l'assisté peut, sur l'avis du bureau, être tra-
duit devant le tribunal de police correctionnelle, et
condamné, indépendamment du paiement des droits
et frais, à une amende et à un emprisonnement [1].

La loi du 22 janvier 1851 ne contient aucune mention relative aux étrangers. Par suite de ce silence,
un doute vient à l'esprit. On peut se demander, en
effet, si la faculté de recourir à l'assistance judiciaire
doit être accordée ou refusée aux étrangers. Pour
résoudre cette difficulté d'une façon satisfaisante, il
convient de rechercher si l'étranger qui demande à
être assisté peut invoquer soit la conclusion d'un
traité intervenu sur ce point entre la France et son
pays, soit l'admission à domicile prononcée à son
profit par le gouvernement français; ou si, au contraire, il ne peut s'appuyer ni sur l'une ni sur l'autre
de ces deux circonstances. Cette distinction est importante, car, d'après une opinion qui dans la doctrine et la pratique réunit de nombreux suffrages, la
solution ne saurait être toujours la même : elle pourrait être favorable ou défavorable à l'étranger suivant
les divers cas que nous allons examiner.

---

1. Art. 26.

CHAPITRE I.

Cas où il y a un traité diplomatique.

La France qui, dans ces dernières années, a fortement contribué au développement du droit international conventionnel [1], a senti la nécessité de conclure des arrangements avec plusieurs États, afin d'appliquer à l'assistance judiciaire le système de la réciprocité diplomatique.

Les conventions qu'elle a signées dans ce but sont les suivantes :

1° Convention conclue le 19 février 1870 avec l'Italie [2].

2° Convention conclue le 11 mars 1870 avec la Bavière [3] ;

3° Convention conclue le 22 mars 1870 avec la Belgique [4] ;

4° Convention conclue le 22 mars 1870 avec le Luxembourg [5] ;

---

1. Le droit international est conventionnel ou coutumier, suivant qu'il prend sa source dans les traités diplomatiques ou dans les usages admis entre nations.
2. DE CLERCQ, *Recueil des traités de la France,* t. X, p. 337.
3. DE CLERCQ, *op. cit.,* t. X, p. 338.
4. DE CLERCQ, *op. cit.,* t. X, p. 343.
5. DE CLERCQ, *op. cit.,* t. X, p. 344.

5° Convention conclue le 23 juin 1870 avec le Wurtemberg [1];

6° Convention conclue le 14 mars 1879 avec l'Autriche-Hongrie [2];

7° Convention conclue le 20 février 1884 avec l'Allemagne [3];

8° Convention conclue le 14 mai 1884 avec l'Espagne [4];

9° Convention conclue le 23 mars 1885 avec l'Uruguay [5].

---

1. DE CLERCQ, *op. cit.*, t. X, p. 367.

2. CLUNET, 1880, p. 611. — DE CLERCQ, *op. cit.*, t. XII, p. 400.

3. CLUNET, 1881, p. 567. — DE CLERCQ, *op. cit.*, t. XII, p. 567. Cette convention a été conclue par l'empereur d'Allemagne, roi de Prusse, au nom de l'empire allemand, conformément à la Constitution du 16 avril 1871.

Elle a remplacé la convention du 11 mars 1870 conclue avec la Bavière, en vertu d'une disposition expresse. Mais doit-elle être considérée comme ayant été substituée à la convention du 23 juin 1870 passée avec le Wurtemberg? Le doute tient à ce que l'article 4 de la convention du 20 février 1880 mentionne uniquement la convention signée par la Bavière. Toutefois, nous préférons la solution affirmative. Voici le motif : D'après l'article 11 de la Constitution fédérale, « l'Empereur représente l'Empire dans les « relations internationales, déclare la guerre et fait la paix au « nom de l'Empire, conclut les alliances et autres conventions « avec les Etats étrangers, accrédite et reçoit les envoyés « diplomatiques. » Or, le Wurtemberg a accédé, le 25 novembre 1870, à la Confédération du Nord, devenue depuis lors l'Empire allemand.

4. CLUNET, 1886, p. 755. — DE CLERCQ, *op. cit.*, t. XIV, p. 372.

5. DE CLERCQ, *op. cit.*, t. XIV, p. 492.

A côté de ces conventions, il en est d'autres qui, sans avoir pour objet exclusif l'assistance judiciaire, la réglementent cependant accessoirement, lorsqu'elles déterminent la condition de certains étrangers au point de vue de la procédure.

Nous signalerons comme présentant ce caractère :

10° La convention conclue le 15 juin 1869 avec la Confédération suisse sur la compétence judiciaire et l'exécution des jugements en matière civile, article 14 [1];

11° Le traité d'amitié, de commerce et de navigation conclu le 9 septembre 1882 avec la République dominicaine, article 4 [2];

12° Le traité d'amitié, de commerce et de navigation conclu le 18 janvier 1883 avec la Serbie, article 6 [3];

13° Le traité d'amitié, de commerce et de navigation conclu le 27 novembre 1886 avec les Etats-Unis du Mexique, article 4 [4];

14° Le traité d'amitié, de commerce et de navigation conclu le 15 mai 1888 avec la République de l'Equateur [5];

---

1. DE CLERCQ, *op. cit.*, t. X, p. 289.
2. CLUNET, 1887, p. 767.
3. CLUNET, 1883, p. 659.
4. CLUNET, 1888, p. 851.
5. *Journal officiel*, Chambre des députés. Doc. 1888, p. 400 et 402.

Pour étudier les clauses de ces conventions qui, en général, contiennent des règles uniformes, nous allons examiner diverses questions.

A. *A quelles personnes le bénéfice de l'assistance judiciaire est-il reconnu ?*

Les ressortissants des divers Etats signataires, c'est-à-dire les Italiens, les Belges, les Luxembourgeois, les Autrichiens, les Allemands, les Espagnols, les Uruguayens, les Suisses et les Serbes, les Dominicains, les Mexicains et les Equatoriens jouiront en France de ce bénéfice [1].

Peu importe le rôle qu'ils jouent dans l'instance : demandeurs ou défendeurs, ils peuvent être également assistés. Aucune controverse ne saurait être élevée sur ce point. D'abord, certaines conventions contiennent à cet égard une disposition formelle [2]. Quant à celles qui sont moins explicites, on doit néanmoins leur reconnaître la même portée, parce que leur rédaction très générale rend impossible toute distinction [3].

---

1. Voyez sur ce point l'article 1 des conventions ayant pour objet l'assistance judiciaire.

2. Tel est l'article 1 de la convention conclue avec l'Uruguay : « Les citoyens indigents de la République française dans la République orientale de l'Uruguay, et les citoyens indigents de la « République orientale de l'Uruguay dans la République française, « jouiront réciproquement du bénéfice de l'assistance judiciaire, « qu'ils soient demandeurs ou défendeurs, comme en jouiraient les « nationaux eux-mêmes. »

3. La loi du 22 janvier 1851 ouvre l'assistance judiciaire au de

B. *Sous quelles conditions ce bénéfice est-il accordé ?*

En principe, les sujets des Etats contractants qui réclament en France l'assistance judiciaire sont tenus d'observer les prescriptions de la loi française. Cette solution est commandée par le texte même des conventions [1] et par les règles du droit international privé [2]. Ainsi, la demande devra être formée, instruite et jugée suivant les dispositions de la loi du 22 janvier 1851.

Toutefois, il convient de signaler une exception assez importante quant à la manière de prouver l'indigence : aux termes de l'article 10 de la loi de 1851, le réclamant doit fournir un certificat du percepteur de son domicile. L'accomplissement d'une pareille formalité peut donner lieu à des difficultés lorsqu'il s'agit d'un indigent appartenant à une nationalité étrangère. En effet, sous l'empire du

---

mandeur comme au défendeur. Rapport fait à l'Assemblée nationale par M. de Vatisménil, D. P. 1851. IV, 30, n° 42.

1. L'article 1 des conventions relatives à l'assistance judiciaire porte : « en se conformant aux lois du pays dans lequel l'assistance « sera réclamée. »

2. Il est admis généralement que la procédure doit être déterminée par la loi du tribunal saisi. L'Institut de droit international, dans la session de Zurich de 1877, a adopté la résolution suivante : « Les formes ordinatoires de l'instruction et de la procédure sont « régies par la loi du lieu où le procès est instruit. »

Voyez aussi l'article 10 du Code civil italien.

Code civil, on discute sur le point de savoir si un
étranger peut, en dehors de l'autorisation gouvernementale, avoir un véritable domicile en France.
La jurisprudence répond négativement en s'appuyant
sur les termes des articles 13 et 102 du Code civil [1].
Quoique cette argumentation puisse être aisément
combattue [1], les négociateurs des traités ne voulant
point prendre parti sur cette délicate controverse,
ont jugé plus pratique de s'attacher exclusivement
à la résidence habituelle. D'après le système qu'ils
ont adopté, le ressortissant de l'un des Etats signataires, pour obtenir l'assistance devant la justice

---

1. Cass., 12 janvier 1869. Sir., 1869. 1. 139. Cass., 5 mai 1875.
D. 1875. 1. 343. Cour de Paris, 14 juillet 1871. D. 1872. II. 65.
Toutefois, la jurisprudence admet que l'étranger peut avoir en
France un domicile de fait, produisant quelques conséquences
légales. — Cass., 7 juillet 1874. D. 1875. 1. 272. Cour de Paris,
10 juillet 1880. Clunet, 1880, p. 475. Cour de Bordeaux, 19 août
1879. Clunet, 1880, p. 586.

2. Les arguments tirés des articles 13 et 102 C. civ. n'ont aucune
valeur. Dans l'article 13, le législateur détermine uniquement les
conditions sous lesquelles l'étranger a la jouissance des droits
civils ; et, dans l'article 102, il oppose le domicile, quant à l'exercice des droits civils, au domicile politique.

Du reste, les deux éléments qui constituent le domicile : le fait
de résider dans un lieu et l'intention d'avoir, dans ce lieu, le principal établissement, peuvent se rencontrer aussi bien chez un
étranger que chez un Français.

Enfin, la loi du 23 août 1871 fournit un argument décisif, car,
dans son article 4, elle parle « d'un étranger *domicilié en France*
« *avec ou* « *sans autorisation.* »

française, doit se faire délivrer un certificat d'indigence par les autorités du lieu où il réside habituel-
lement. S'il habite hors de France, le certificat est
délivré par les autorités étrangères, mais alors il
doit être approuvé et légalisé par l'agent diplomatique français. S'il réside en France, le certificat est
délivré par les autorités françaises. Dans cette dernière hypothèse, des renseignements peuvent être
pris auprès des autorités du pays d'origine : ils sont
alors demandés par le Gouvernement français en
suivant la voie diplomatique [1]. Grâce à ce mode
d'informations, il est possible de déjouer les calculs
de ceux qui, possédant des biens dans leurs pays
d'origine, chercheraient à les dissimuler pour profiter des avantages de l'assistance judiciaire.

Nous devons dire qu'à cet égard les traités conclus avec la Suisse, la Serbie, la République dominicaine, les Etats-Unis du Mexique, la République
de l'Equateur diffèrent des conventions relatives à

---

1. Article 2 des conventions relatives à l'assistance judiciaire.
« Dans tous les cas, le certificat d'indigence devra être délivré à
« l'étranger qui demande l'assistance par les autorités de sa rési-
« dence habituelle. S'il ne réside pas dans le pays où la demande
« est formée, le certificat d'indigence sera approuvé et légalisé par
« l'agent diplomatique du pays où le certificat doit être produit. »
« Lorsque l'étranger réside dans le pays où la demande est for-
« mée, des renseignements pourront, en outre, être pris auprès
« des autorités de l'Etat auquel il appartient. »

l'assistance judiciaire. Au lieu de réserver simplement au Gouvernement français un moyen de s'éclairer, ils obligent les parties à justifier toujours de leur indigence en produisant des pièces délivrées par les autorités compétentes du pays d'origine [1].

C. *Quels effets sont attachés à ce bénéfice?*

Les indigents étrangers qui, en vertu des traités, ont été admis à l'assistance judiciaire, sont sous ce rapport complètement assimilés aux Français [2]. Ainsi, ils sont dispensés provisoirement des droits d'enregistrement, de timbre et de greffe, et, d'autre part, ils peuvent obtenir gratuitement le concours des avocats et officiers ministériels [3]. Bien plus, ils sont affranchis de la nécessité de fournir la caution

---

1. Convention avec la Suisse du 15 juin 1869, art. 14. « Néan-« moins l'état d'indigence devra, en outre des formalités prescrites « par ces lois, être établi par la production de pièces délivrées par « les autorités compétentes du pays d'origine de la partie, et léga-« lisées par l'agent diplomatique de l'autre pays, qui les trans-« mettra à son gouvernement. »

On trouve la même disposition dans l'article 6 du traité conclu avec la Serbie, dans l'article 4 du traité conclu avec la République dominicaine, dans l'article 4 du traité conclu avec les Etats-Unis du Mexique, dans l'article 4 du traité conclu avec la République de l'Equateur.

2. Argument tiré des mots « jouiront réciproquement du bénéfice « de l'assistance judiciaire comme les nationaux eux-mêmes » qui se rencontrent dans l'article 1 de toutes les conventions relatives à l'assistance judiciaire.

3. Loi du 22 janvier 1851, art. 13 à 20.

judicatum solvi que le Code civil exige de tout étranger demandeur pour la garantie du paiement de frais et des dommages-intérêts résultant du procès [1].

Il est facile de dégager les motifs qui ont déterminé l'insertion d'une pareille clause dans tous les traités. En reconnaissant aux indigents de divers Etats la faculté de réclamer l'assistance judiciaire, notre Gouvernement a voulu leur donner le moyen de défendre leurs droits devant la justice française. Or, ce but serait-il atteint si l'obligation de fournir la caution *judicatum solvi* était maintenue à leur égard? Nullement. En effet, le plus souvent ils ne pourraient trouver une personne disposée à s'engager pour eux. Du reste, les intérêts du Français défendeur ne sont pas gravement compromis, attendu que le bureau refusera à l'étranger demandeur l'assistance judiciaire, si l'action ne repose sur aucun fondement et paraît dictée par l'esprit de chicane. Comme le dit fort justement M. Bard : « Une telle disposition

---

1. Art. 16 Cod. civ., art. 166 C. pr. civ.

En Algérie, l'ordonnance du 16 avril 1843 portant promulgation du Code de procédure civile édicte des règles différentes. L'article 19 de cette ordonnance est ainsi conçu : « La disposition de « l'article 166 du Code de procédure peut être invoquée même par « le défendeur étranger, mais résidant et ayant un établissement « en Algérie. Elle ne peut être appliquée qu'aux demandeurs étran-« gers qui n'ont ni résidence habituelle, ni établissement en « Algérie ».

« s'explique d'elle-même, car l'assistance judiciaire
« serait un bienfait illusoire si les parties indigentes
« devaient verser une somme d'argent pour intro-
« duire leur instance, et il est peu vraisemblable que
« l'assistance judiciaire soit accordée à ces deman-
« des vexatoires contre lesquelles est surtout insti-
« tuée la caution *judicatum solvi* » [1].

Notons que les sujets de quelques-uns des Etats
dont nous avons donné plus haut la liste, peuvent,
quoique non admis à l'assistance judiciaire, se trouver dispensés de la caution *judicatum solvi*. Cela a
lieu lorsqu'un traité édicte une pareille exemption
d'une façon générale. Notre observation concerne
spécialement les Italiens [2], les Espagnols [3], les

---

1. BARD, *Droit international*, p. 311.

2. Traité des limites et de juridiction conclu à Turin le 24 mars
1760 entre la France et la Sardaigne, et régissant aujourd'hui, suivant une jurisprudence constante, les relations entre la France et
le royaume d'Italie. Art. 22 : « que pour être admis en jugement,
« les sujets respectifs ne seront tenus, de part et d'autre, qu'aux
« mêmes cautions et formalités qui s'exigent de ceux du propre
« ressort, suivant l'usage de chaque tribunal ».
La convention du 19 février 1870 a simplement fait l'application
de cette règle aux Italiens assistés.

3. Traité conclu le 6 février 1882 entre la France et l'Espagne.
Art. 3 : « Ils auront, en conséquence, un libre et facile accès auprès
« des tribunaux de justice, tant pour réclamer que pour défendre
« leurs droits à tous les degrés de juridiction établis par les lois ».
La jurisprudence considère avec raison une pareille clause comme
entraînant dispense de la caution *judicatum solvi*. Jugement du

Suisses[1], les Serbes[2], et peut-être aussi les Dominicains et les Mexicains.

Chaque convention réglant l'assistance judiciaire est conclue pour cinq ans[3], à partir du jour de l'échange des ratifications[4]. Dans le cas où aucune des parties contractantes n'aurait notifié, une année avant l'expiration de ce terme, son intention d'en faire cesser les effets, la convention continuera d'être obligatoire encore une année, et ainsi de suite d'an-

---

Tribunal civil de la Seine : du 23 novembre 1880, CLUNET, 1880, p. 575; du 2 avril 1881, CLUNET, 1881, p. 423; du 8 juin 1882, CLUNET, 1882, p. 300.

1. Traité conclu le 15 juin 1869 entre la France et la Confédération suisse sur la compétence judiciaire et l'exécution des jugements. Art. 13 : « Il ne sera exigé des Suisses qui auraient à pour- « suivre une action en France aucun droit, caution ou dépôt « auxquels ne seraient pas soumis les Français d'après les lois « françaises. » DE CLERCQ, op. cit., t. X, p. 292.

2. Traité d'amitié, de commerce et de navigation signé le 18 janvier 1883 entre la France et la Serbie. Art. 5 : « Il ne sera exigé « des Français qui auraient à poursuivre une action en Serbie ou « des Serbes qui auraient à poursuivre une action en France, « aucune caution ou dépôt auquel ne seraient pas soumis, en « France, les citoyens de la nation la plus favorisée, ni aucun droit « auquel les nationaux ne seraient pas soumis d'après les lois du « pays. » CLUNET, 1883, p. 669.

3. Voyez l'article 4 de ces conventions. Toutefois, la convention conclue avec l'Allemagne ne fixe point un semblable délai.

4. La date de l'échange des ratifications est, en général, indiquée dans le recueil de M. de Clercq cité plus haut. Pour la convention avec l'Espagne, l'échange a eu lieu à la date du 17 décembre 1885.

née en année, à compter du jour où l'une des parties l'aura dénoncée.

Le même régime n'est point applicable aux conventions conclues avec l'Allemagne [1], la Suisse [2], la Serbie [3], la République dominicaine [4], les Etats-Unis du Mexique [5], la République de l'Equateur [6].

---

1. Article 4 de la convention conclue avec l'Allemagne : « La « présente convention... sortira ses effets à partir du jour de « l'échange des ratifications, et elle continuera à être exécutoire « pendant six mois après la dénonciation qui en aura été faite par « l'une des deux parties contractantes. »

2. Article 22 de la convention conclue avec la Suisse : « La pré- « sente convention est conclue pour dix années, à partir du jour de « l'échange des ratifications. Dans le cas où aucune des H. P. C. « n'aurait notifié une année avant l'expiration de ce terme son in- « tention d'en faire cesser les effets, la convention continuera d'être « obligatoire encore une année, et ainsi de suite d'année en année « jusqu'à l'expiration d'une année à compter du jour où l'une des « parties l'aura dénoncée. »

3. Article 27 du traité conclu avec la Serbie : « Il sera exécutoire « pendant dix années à partir du jour de l'échange des ratifications. « Dans le cas où aucune des deux hautes parties contractantes n'au- « rait notifié, douze mois avant la fin de la période de dix ans, son « intention d'en faire cesser les effets, il demeurera obligatoire « jusqu'à l'expiration d'une année, à partir du jour où l'une ou « l'autre des hautes parties l'aura dénoncé. »

4. Article 24 du traité conclu avec la République dominicaine.

5. Article 29 du traité conclu avec les Etats-Unis du Mexique : « Dans le cas où une des hautes parties contractantes n'aurait pas « notifié douze mois avant le 1er février 1892 son intention d'en « faire cesser les effets, il demeure obligatoire jusqu'à l'expiration « d'une année à partir du jour où l'une ou l'autre des hautes par- « ties contractantes l'aura dénoncé. »

6. Article 27 du traité conclu avec la République de l'Equateur.

CHAPITRE II.

Cas où il y a admission à domicile.

L'étranger qui a établi son domicile en France avec l'autorisation du gouvernement, conformément à l'article 13 du Code[1] devient apte à jouir de tous les droits civils[2]. Cela étant, il doit pouvoir réclamer l'assistance judiciaire. Vainement on prétendrait que la faculté dont il s'agit est assimilable à un droit politique et que par conséquent elle doit être refusée à un étranger même admis à établir son domicile. Cette idée ne serait point exacte. L'assistance judiciaire a simplement pour but de permettre à un individu indigent de défendre ses droits privés; dès lors elle ne saurait être rangée parmi les institutions politiques. Cette manière de voir adoptée par

---

1. D'après l'article 13 du Code civil modifié par la loi du 26 juin 1889 sur la nationalité, l'autorisation peut se trouver périmée après un certain temps. Voici le texte nouveau : « L'étranger qui « aura été autorisé par décret à fixer son domicile en France, « y jouira de tous les droits civils. L'effet de l'autorisation cessera « à l'expiration de cinq années, si l'étranger ne demande pas la na- « turalisation ou si la demande est rejetée. »

2. La jouissance des droits politiques est d'une façon absolue refusée à l'étranger qui a établi son domicile en France avec l'autorisation du gouvernement.

les auteurs [1], a été, au moins d'une façon implicite, consacrée par une décision du bureau établi près la Cour de Nancy [2].

L'étranger admis à domicile qui veut être assisté devant la justice, doit remplir toutes les conditions fixées par la loi française : il est tenu notamment de prouver son indigence en fournissant un certificat du percepteur de son domicile et une déclaration affirmée sincère devant le maire de la commune de ce même domicile [3].

Une fois accordée l'assistance judiciaire produit tous ses effets ordinaires. Notons seulement que l'étranger est, en pareil cas, dispensé de fournir la caution *judicatum solvi* non point comme ayant obtenu le bénéfice de l'assistance, mais comme ayant été autorisé à établir son domicile en France [4].

---

1. *Traité élémentaire de Droit international privé*, par André Weiss, p. 909. *Traité de procédure*, par E. Garsonnet, p. 90.

2. Décision rendue le 20 mai 1865, D. 1886, 111. 80. « Con-« sidérant que la demoiselle Eyschen étant étrangère et ne jus-« tifiant d'aucune autorisation d'établir son domicile en France, ne « peut profiter du bénéfice de l'assistance résultant de la loi fran-« çaise. »

3. Aucune difficulté d'application n'existe dans ce cas, puisque l'étranger a un véritable domicile.

4. *Droit civil français*, par MM. Aubry et Rau, t. VIII, p. 129. — *Code Napoléon*, par Demolombe, t. I, p. 403. — *Traité de procédure*, par H. Bonfils, p. 574. Bordeaux, 29 mai 1839, D. A. V. *Exceptions*, n° 44.

CHAPITRE III.

Cas où il n'y a ni traité diplomatique ni admission à domicile.

L'étranger dont la nation n'a pas conclu de traité avec la France et qui, d'autre part, n'a pas été autorisé par le gouvernement français à établir son domicile, peut-il obtenir l'assistance judiciaire? La réponse doit varier suivant le système qu'on adopte, à propos de cette question plus générale : de quels droits privés l'étranger ordinaire a-t-il la jouissance?

Si l'on admet, comme le veulent certains auteurs, que l'étranger jouit uniquement des droits qui lui sont concédés expressément ou tacitement par des textes spéciaux [1], on est amené à lui refuser l'assistance judiciaire en invoquant le silence de la loi du 22 janvier 1851. C'est en ce sens que s'est prononcé

---

1. *Code Napoléon*, par Demolombe, t. I, p. 366. Cass. 14 août 1844, Sir., 1844, 1, 756 : « Aux termes des articles 11 et 13, l'étran-« ger non admis à la jouissance des droits civils par autorisation « du chef de l'Etat ne jouit, en France, que des droits civils accor-« dés aux Français par les traités de la nation à laquelle cet étran-« ger appartient... et il n'y a d'exception à cette règle que dans les « cas spécialement prévus par une loi expresse. »

le bureau établi près la Cour de Nancy en motivant sa décision de la façon suivante : « Considérant que « si tout Français jouit des droits civils en France « (art. 8), l'étranger ne jouit de ces droits ou de cer- « tains d'entre eux que dans les cas prévus par les « articles 11 et 13 du même Code, à moins d'une ex- « ception spécialement édictée en sa faveur. Considé- « rant que la loi de 1851 est une loi française qui ne « régit que les Français ; que si par son article 1 elle « accorde d'une manière générale l'assistance « aux « indigents », le législateur n'a en vue que les indi- « gents français et regnicoles, et que s'il eût entendu « étendre la même faveur à l'étranger, il l'eût for- « mellement exprimé, d'autant plus qu'il privait le « Trésor non seulement de la perception des droits « à lui dus, mais même lui imposait certaines « charges..., etc. [2] ».

Si l'on reconnaît, au contraire, que l'étranger jouit

---

1. Décision du 20 mai 1865, D. 1866, III, p. 80. Voyez aussi : dé- cision du bureau établi près le tribunal civil de la Seine du 26 juil- let 1855. *Journal des Avoués*, t. 81, p. 345. Jugement du tribunal civil de Boulogne-sur-Mer du 26 décembre 1884. *Le Droit*, 30-31 mars 1885 : « Attendu qu'aucun article de la dite loi (loi du « 22 janvier 1851) ne prévoit le cas où les indigents sont étran- « gers. »
Dans le même sens, lettre du garde des sceaux au procureur de la République de Limours en date du 18 août 1876. CLUNET, 1876, p. 417 : « La loi du 22 janvier 1851 sur l'assistance judiciaire « n'est applicable aux étrangers résidant en France que dans le cas

de tous les droits qui ne lui ont pas été refusés expressément ou implicitement par des textes spéciaux[1], on doit lui accorder l'assistance judiciaire. En effet, aucune exclusion particulière ne se rencontre dans la loi du 22 janvier 1851 qui, par son esprit démocratique et par ses termes généraux[2], repousse toute distinction fondée sur la nationalité. Cette opinion à laquelle nous donnons la préférence a été suivie par le bureau établi près la cour de Paris[3]. Nous relevons, toutefois, dans la décision qu'il a donnée, une petite réserve : « Attendu que le bureau, « sans avoir à apprécier le fond du droit, est cepen- « dant appelé à apprécier la légitimité probable de

---

« où une convention diplomatique, intervenue entre leur pays d'ori- « gine et la France, a stipulé la réciprocité en matière d'assistance « judiciaire. »

1. Voyez : *Explication sommaire du livre I du Code Napoléon*, par VALETTE, p. 407 et suiv. *Histoire de la condition civile des étrangers en France*, par DEMANGEAT, p. 251 et suiv.

La rédaction nouvelle de l'article 11 C. civ. que la commission sénatoriale avait insérée dans la proposition de loi sur la nationalité, consacrait cette interprétation : elle a été retirée sur la demande du garde des sceaux. Séance du Sénat, 4 février 1887. *J. of.* Débats parlementaires, 4 février 1887: p. 87.

2. Article 1 de la loi du 22 janvier 1851 · « L'assistance judiciaire est accordée aux indigents ».

3. Décision du 18 décembre 1855 : *Journal des avoués*, t. 81, p. 345. Les jugements des tribunaux que nous citerons bientôt à propos de la caution *judicatum solvi*, supposent que l'assistance judiciaire a été, en fait, accordée à des étrangers ordinaires par divers bureaux.

« l'action à intenter; d'où il résulte que, même sous
« le rapport de la compétence, il ne devrait accorder
« l'assistance que dans le cas où l'action pourrait
« être utilement portée devant les tribunaux. —
« Qu'il ressort de ce principe qu'à l'égard des étran-
« gers, l'assistance doit être ou ne pas être accordée
« suivant la nature des matières qui paraissent ou
« sujettes à la juridiction française ou exclusives de
« cette juridiction ».

En insérant cette restriction, le bureau a tenu
compte des idées étroites que la jurisprudence a affir-
mées en matière de contestations entre étrangers[1]; il
a pensé qu'avant de se prononcer au sujet de l'assistance judiciaire, il convenait de rechercher si les tri-

---

1. La jurisprudence décide que les tribunaux français sont, sauf
quelques exceptions, incompétents pour connaître des procès entre
étrangers. Du reste, elle admet que cette incompétence n'est pas
absolue, mais simplement relative. Cass., 10 mars 1858, Sir., 1858,
t. 529. Cass., 5 mars 1879, Clunet, 1879, p, 466. Voici les considérants de cette dernière décision : « Si les tribunaux français ne
« sont pas obligés de juger les contestations civiles entre étrangers
« en matière personnelle et mobilière, ils peuvent rester saisis
« lorsqu'aucune des parties ne conteste leur compétence. Quel que
« soit le caractère de l'exception d'extranéité, elle ne cons-
« titue pas dans ce cas une incompétence absolue et d'ordre
« public ».
Cette thèse, qu'on défend à l'aide de quelques rares textes et de
considérations mesquines, est contraire aux devoirs internationaux
et doit entraîner des résultats fâcheux au point de vue pratique.
Nous espérons qu'elle sera définitivement condamnée lors de la révision du Code de procédure.

bunaux se déclareraient incompétents à raison de l'extranéité des parties. Nous ne pouvons, pour notre part, accepter une pareille manière de voir : les bureaux doivent statuer sur la demande de l'indigent étranger sans s'inquiéter de la théorie, très indécise du reste, que les juridictions françaises ont édifiée pour écarter les procès entre plaideurs de nationalité étrangère.

En résumé, l'étranger ordinaire peut, suivant nous, comme le Français, demander à être assisté judiciairement. Bien entendu, il doit observer toutes les prescriptions de la foi française et spécialement démontrer son indigence suivant le mode indiqué par l'article 10 de la loi du 22 janvier 1851 [1]. Aucun obstacle ne s'oppose à ce qu'il produise toutes les pièces exigées puisque, d'après notre opinion, un étranger peut avoir en France un véritable domicile en dehors même de l'autorisation gouvernementale [2].

Si l'assistance est accordée, il se trouve dispensé

---

1. Le bureau établi près la cour de Nancy a affirmé l'idée contraire dans sa décision rapportée plus haut : « Considérant que « l'assistance au profit de l'étranger n'est pas moins incompatible « avec la loi de 1851 elle-même, en ce qui touche les justifications « à fournir par le demandeur en assistance ; qu'il ne pourrait affir- « mer son indigence, ni produire le certificat négatif du percep- « teur de son domicile, puisqu'il n'a pas de domicile légal en « France, quand il n'y a pas été admis par décret ».

2. Voir ce qui a été dit plus haut.

provisoirement du paiement des droits fiscaux et des
honoraires dus aux officiers ministériels. Mais lorsqu'il joue le rôle de demandeur, est-il dispensé aussi
de la caution *judicatum solvi?* Nous répondons négativement. Voici le motif sur lequel nous nous ap-
puyons : l'assistance judiciaire ne modifie pas les
relations de l'assisté avec la partie adverse [1], par
conséquent l'obligation dont il est tenu envers elle
doit demeurer intacte [2]. La jurisprudence paraît fixée
en ce sens. Nous citerons notamment un jugement du
tribunal civil de Soissons qui nous a paru bien motivé :
« Attendu, est-il dit, que la loi du 22 janvier 1851,
« toute fiscale et spécialement favorable aux indi-
« gents admis à l'assistance, ne dispose en aucune fa-
« çon des droits et obligations des parties qui sont dans
« l'instance et ne jouissent pas de la même faveur ;
« que si cette loi peut être applicable aux étrangers,
« elle n'a par aucune disposition restreint les droits
« de regnicoles qui ont à plaider contre eux, qu'au
« nombre de ces droits se trouve la disposition de
« l'article 166, C. pr. [3] ».

---

1. Argument tiré de l'art. 14 de la loi du 22 janvier 1851.
2. *Droit civil français*, par AUBRY et RAU, t. VIII, p. 128. — *De
l'assistance judiciaire*, par DORIGNY, p 150.
3. Trib. civil de Soissons, 28 août 1861. D. 1866, t. 104.
Dans le même sens :
Trib. civil de la Seine, 18 octobre 1856. *Journal des Avoués*, t. 84,
p. 210. — Attendu que le fait qu'elle allègue d'avoir été admise à

Grâce à cette solution, la faculté de recourir à
l'assistance judiciaire que nous avons reconnue aux
étrangers en dehors de tout traité et de toute admission à domicile, sera parfois peu utile, l'assisté ne
pouvant plaider faute de cautionnement. Néanmoins,
il convient de maintenir cette interprétation libérale,
parce que la caution *judicatum solvi* n'étant point
exigée dans des cas nombreux [1], l'étranger pourra,

« l'assistance judiciaire ne peut nuire aux droits de ceux qu'elle a
« appelés en cause et qui, nonobstant cette assistance accordée,
« peuvent demander à l'étranger qui les poursuit la caution pour
« les frais et dommages-intérêts qui pourraient résulter de l'ins-
« tance ».

Trib. civil de la Seine, 2 mai 1859. *Journal des Avoués*, t. 84,
p. 425. — « Attendu que le bénéfice de l'assistance judiciaire au-
« torisé par la loi du 22 janvier 1851, en faveur du demandeur
« indigent, n'a d'autre effet que celui de dispenser l'assisté du
« paiement des sommes qui seraient dues soit à l'enregistrement,
« soit aux greffiers et officiers ministériels, et que dès lors, il ne
« pourrait, comme une véritable caution, servir de garantie pour
« le remboursement de frais exposés par le défendeur et encore
« moins pour les dommages-intérêts pour lesquels il obtiendrait
« condamnation ».

Trib. civil de la Seine, 29 décembre 1868. Sir., 1869, 11, 123.

Trib. civil de Boulogne-sur-Mer du 26 décembre 1884. *Le Droit*,
30-31 mars 1885.

1. La caution doit être fournie uniquement par l'étranger demandeur. Art. 16.

Elle n'est pas due en matière commerciale. Art. 15 C. civ., et 423
C. pr.

Elle ne peut, suivant l'opinion généralement admise, être réclamée par l'étranger défendeur. Paris, 12 avril 1856. Sir., 1857, II,
104. Paris, 2 juillet 1861. Sir., 1861, II, 614. Nancy, 14 juin 1876.

grâce à l'assistance, défendre ses droits devant la justice française. Ainsi se trouve réfutée une objection que nos adversaires pourraient vouloir nous opposer [1].

Conclusion.

Il résulte de cette étude que tous les étrangers indigents ne sont pas assurés d'obtenir en France l'assistance judiciaire. Or, en sens inverse, les Français indigents, lorsqu'ils demandent, dans les autres pays, à être assistés judiciairement, peuvent être repoussés par une fin de non-recevoir. C'est là un état de choses très fâcheux. Pour y remédier, le gouvernement français doit chercher à conclure de nouveaux traités semblables à ceux qu'il a déjà signés. Peut-être même, se proposant un but plus large,

---

CLUNET, 1877, p. 142. Douai, 28 juin 1877. CLUNET, 1878, p. 265. Trib. civil de la Seine, 9 janvier 1880. CLUNET, 1880, p. 190. Trib. civil de la Seine, 4 janvier 1881. CLUNET, 1881, p. 58. Trib. civil de la Seine, 17 janvier 1885. CLUNET, 1885, p. 174.

Enfin, elle est supprimée par des traités diplomatiques au profit des sujets de plusieurs Etats.

1. Cette idée est exprimée dans la décision du bureau établi près la Cour de Nancy. — « Considérant d'ailleurs que l'assistance judi- « ciaire au profit de l'étranger peut difficilement se concilier avec « les articles 16 C. civ. et 166 C. pr., lesquels n'étant point abrogés « pour ce cas ne la dispensent pas de la caution *judicatum solvi* ». D. 1866, III, p. 80.

Convention monétaire conclue le 20 décembre 1865.

devrait-il prendre l'initiative de la formation d'une union internationale qui réglerait toutes les questions relatives à la compétence, aux formes de la procédure, à l'exécution des jugements et à l'assistance judiciaire. Une pareille entreprise aurait-elle chance de succès? Nous le croyons en voyant les immenses résultats que la diplomatie a obtenus pendant ces dernières années [1].

---

1. Convention télégraphique conclue le 17 mai 1865. Révisée à Vienne en 1868, à Rome en 1872, à Saint-Pétersbourg en 1875. — Traité postal international du 9 octobre 1874, renouvelé le 1er juin 1878 sous le nom de traité de l'Union postale universelle. — Convention internationale du mètre du 20 mai 1875. — Convention phylloxérique du 3 novembre 1881. — Union internationale du 20 mars 1883 pour la protection de la propriété industrielle. — Union internationale du 14 mars 1884 pour la protection des câbles sous-marins. — Convention monétaire conclue le 6 novembre 1885. — Union internationale du 9 septembre 1886 pour la protection des œuvres littéraires et artistiques.

INDIGÈNES MUSULMANS DE L'ALGÉRIE[1]

DANS LES ASSEMBLÉES LOCALES.

————

Durant les quarante années qui ont suivi la conquête, le public français est resté indifférent aux personnes et aux choses de l'Algérie. Mais, après la guerre malheureuse de 1870, un brusque changement s'est produit. Notre colonie africaine est devenue tout à coup l'objet de la curiosité générale. Chacun, comprenant qu'elle pourrait dans un avenir prochain dédommager un peu la métropole des pertes subies, s'est mis à la visiter et à l'étudier. Dès lors, toutes les questions relatives à son développement ont été discutées avec le plus grand soin. L'une d'elles a eu même le privilège de soulever dans les livres et dans les journaux de vives polémiques. Nous voulons

————

1. La population musulmane, qui était en 1881 de 2,850,866 habitants, est aujourd'hui de 3,262,422. (Recensement de 1886).

parler de la condition politique des indigènes musulmans [1].

D'après le sénatus-consulte du 14 juillet 1865, les
indigènes musulmans, tant que la naturalisation ne
leur a pas été concédée, sont Français, mais ils ne
sont pas citoyens français [2]. Par voie de conséquence,
ils ne sauraient être admis dans les assemblées
électives. Cette solution, qui s'applique d'une façon
absolue aux Chambres françaises [3], reçoit au contraire des tempéraments notables quand il s'agit des
conseils locaux de l'Algérie. Ce sont ces exceptions

---

1. Les indigènes israëlites, ayant été naturalisés collectivement
par le décret du 24 octobre 1870, jouissent de tous les droits politiques. Voyez l'étude sur la naturalisation en Algérie contenue dans
ce volume.

2. Article 1er du sénatus-consulte du 14 juillet 1865. Le § 3 de
cet article est ainsi conçu : « Il peut, sur sa demande, être admis à
« jouir des droits de citoyen français. »

A propos de la naturalisation des indigènes musulmans, consultez
l'étude sur la naturalisation en Algérie contenue dans ce volume.

3. Voyez la loi organique du 2 août 1875 sur les élections des
sénateurs.

« Art. 11. — Dans chacun des trois départements de l'Algérie,
« le collège électoral se compose : 1° des députés ; 2° des membres
« citoyens français du conseil général ; 3° des délégués élus par les
« membres citoyens français de chaque conseil municipal, parmi
« les électeurs citoyens français de la commune. »

Cet article n'a été ni modifié ni abrogé par la loi du 9 décembre
1884, sur l'organisation du Sénat et les élections des sénateurs.
Arg. des articles 8 et 9 de cette loi.

Voyez aussi l'article 40 de la même loi.

que nous nous proposons d'examiner. Nous recher-
cherons en quoi elles consistent et dans quelle
mesure elles pourraient être étendues. Une pareille
étude nous semble devoir être faite avec quelque
profit au moment où l'on demande que la qualité de
citoyens français soit conférée à tous les indigènes [1].
Peut-être démontrera-t-elle qu'au lieu d'accomplir
immédiatement et sans transition une réforme si
radicale, l'on devrait apporter au régime actuel certaines améliorations qui, pour l'instant, satisferaient
les populations intéressées.

Afin de donner une idée complète du sujet, nous
allons passer successivement en revue les diverses
assemblées locales : le conseil supérieur du gouvernement, les conseils généraux, les conseils municipaux.

---

1. Voici le texte d'une proposition due à l'initiative de **MM.** Miche-
lin et Gaulier, députés :

Article 1er. — Les musulmans indigènes des départements de
l'Algérie sont déclarés citoyens français.

Art. 2. — Toutes les lois politiques de la France leur sont applicables.

Art. 3. — Au point de vue civil, ils restent soumis à leurs lois
personnelles, à moins qu'ils ne déclarent, conformément au décret
du 24 octobre 1870, qu'ils entendent être régis par les lois civiles
de la France.

Art. 4. Toute disposition législative, tout sénatus-consulte, décret, règlement ou ordonnance contraires sont abolis. (Exposé des
motifs, *J. off.*, p. 915, annexe 1486. Dépôt du 16 juin 1887.)

Nous n'aurons pas à parler du conseil de gouvernement parce que ce conseil, placé près du gouverneur général, se compose exclusivement de fonctionnaires [1] et n'est autre chose qu'un comité consultatif [2].

Quant aux conseils d'arrondissement [3], ils n'existent pas en Algérie. Voici le motif : ces assemblées, dont la mission consiste surtout à répartir les contri-

---

1. Aux termes de l'article 4 du décret du 11 août 1875, sont nommés membres de ce conseil :

1° Le gouverneur général, président ; 2° le directeur général des affaires civiles et financières, vice-président; 3° le premier président de la cour d'appel ; 4° l'archevêque d'Alger ; 5° le procureur général près la cour d'appel ; 6° le général, chef d'état-major général ; 7° l'amiral commandant supérieur de la marine ; 8° le général commandant supérieur du génie ; 9° l'inspecteur général des travaux civils ; 10° l'inspecteur général des finances ; 11° le recteur de l'Académie ; 12° les conseillers rapporteurs.

Le directeur général des affaires civiles et financières est remplacé aujourd'hui par le secrétaire général du gouvernement de l'Algérie. (Voyez le décret du 15 novembre 1879.)

D'après un décret du 25 octobre 1887, un délégué du ministre de l'agriculture doit faire partie, à l'avenir, du conseil de gouvernement.

Les conseillers rapporteurs sont au nombre de quatre. (Décret du 5 avril 1882.)

2. Sur les attributions du conseil de gouvernement, consultez les décrets du 10 décembre 1860 et du 30 avril 1861. D'après l'article 9 du premier de ces décrets, le conseil de gouvernement donne son avis sur toutes les affaires renvoyées à son examen par le gouverneur général.

3. Il y a actuellement dix-sept arrondissements répartis entre les trois départements de l'Algérie.

butions entre les communes, n'auraient aucune utilité dans un pays où les impôts de répartition n'ont pas encore été établis [1].

CHAPITRE I.

Conseil supérieur de gouvernement.

L'Algérie possède une haute assemblée, le conseil supérieur de gouvernement [2].

---

1. De nos quatre impôts directs, un seul, qui est un impôt de quotité, fonctionne en Algérie : la contribution des patentes (Ordonnance du 31 janvier 1847 et décret du 26 décembre 1881.) Quant aux trois autres : contribution foncière, portes et fenêtres, contribution personnelle et mobilière, ils n'y sont point encore organisés.

La loi du 23 décembre 1884 a établi, il est vrai, une contribution foncière sur les maisons, usines et généralement sur toutes les propriétés bâties. Mais cette contribution, dont le principal est fixé « uniquement pour mémoire et pour servir de base au calcul « des centimes additionnels départementaux et communaux », constitue un impôt de quotité. (Art. 4 de cette loi.) Il convient de remarquer que le décret du 23 septembre 1875, sur l'organisation des conseils généraux, prévoyait, dans son article 37, l'établissement d'un impôt foncier de répartition.

Quant à la taxe locative, établie par l'arrêté du 4 novembre 1848, elle a un caractère purement municipal.

2. Il ne faut pas confondre ce conseil avec le conseil du gouvernement. La distinction entre ces deux conseils remonte au décret du 10 décembre 1860.

Ce conseil est chargé d'examiner le projet du budget [1], l'assiette et la répartition des impôts préparés par les soins du gouverneur général [2].

Il se compose :

1° Des membres du conseil de gouvernement;

2° Des officiers généraux commandant les divivions territoriales;

3° Des préfets des départements;

4° De six délégués du conseil général de chaque département.

Ces délégués sont élus pour trois ans, au scrutin de liste et à la majorité absolue des suffrages [3].

Le gouverneur général a la présidence de droit, mais il peut être remplacé par un vice-président nommé à l'élection [4].

Les indigènes, on le voit, ne sont pas admis à envoyer des représentants spéciaux dans une assemblée où le budget colonial est élaboré et où, dès lors, leurs intérêts doivent être défendus. C'est là une lacune fâcheuse de la législation qu'il convient de signaler et de regretter. Sur ce point, les publicistes qui s'occupent de l'Algérie sont unanimes, quelles

---

1. Le budget est définitivement voté par les Chambres françaises et, par conséquent, il ne s'agit ici que de la préparation.

2. Article 7 du décret du 11 août 1875.

3. Article 6 du décret du 11 août 1875.

4. Article 11 du décret du 11 août 1875.

que soient d'ailleurs leurs tendances particulières. Il
suffit, pour s'en convaincre, de parcourir les nombreux livres publiés sur notre belle colonie durant
ces dernières années : tous ou presque tous affirment
la nécessité d'une réforme. « Dans ce conseil tout
« local, sans attributions politiques, on pourrait, dit
« justement M. Whal [1], introduire avec discrétion
« une représentation indigène. » MM. Clamageran [2]
et Leroy-Beaulieu [3] ne tiennent point un autre langage.

Ainsi l'on est généralement d'accord sur le principe. Quant à l'application, quelques divergences se
produisent : le nombre et le mode de nomination des
représentants ne sont pas déterminés de la même
façon par tous les écrivains. Sans entrer dans
l'examen de ces diverses opinions, nous pensons que
les indigènes de chaque conseil général, nommés
désormais à l'élection [4], pourraient choisir deux délégués. Ce système, qui donnerait satisfaction à
l'équité et à l'intérêt politique, aurait l'avantage de la
simplicité : les représentants français et indigènes
seraient désignés d'après la même règle.

---

1. *L'Algérie*, par Maurice WHAL, p. 231.
2. *L'Algérie, impressions de voyage,* par J.-J. CLAMAGERAN, séna-
teur, p. 411.
3. *La Colonisation chez les peuples modernes,* par Paul LEROY-
BEAULIEU, p. 431.
4. Ainsi que nous le dirons plus loin.

CHAPITRE II.

Conseils généraux.

Chacun des trois départements [1] de l'Algérie se divise en deux parties : le territoire civil et le territoire de commandement, appelé aussi territoire militaire [2].

Le premier de ces territoires est administré par le préfet, tandis que le second est placé sous l'autorité du général commandant la division [3]. Il y a dans

---

1. La création de nouveaux départements, depuis longtemps projetée, est empêchée par des raisons budgétaires.

2. Le territoire civil s'est augmenté d'une façon sensible, ainsi que le démontrent les chiffres suivants :

En 1866, il comprenait.............. ... 1,133,857 hectares.
En 1872........ 3,151,673   —
En 1880..... 7,383,583   —

Dans son discours prononcé le 14 novembre 1887, à l'ouverture du conseil supérieur, M. Tirman, gouverneur général, disait : « Du 1er janvier 1882 au 31 décembre dernier, le domaine de l'au- « torité civile s'est accru d'une superficie de 2 millions d'hectares « comptant 500,000 habitants. »

3. Article 3 du décret du 23 septembre 1875 : « Le préfet est le « représentant du pouvoir exécutif dans le territoire civil du dépar- « tement... Les pouvoirs administratifs du général commandant la « division sont limités au territoire de commandement. Le général « exerce dans ce territoire toutes les attributions dévolues à l'auto- « rité préfectorale. »

chaque département un conseil général dont l'organisation est copiée sur celle des conseils généraux de la métropole [1].

Dès le jour où les assemblées départementales ont été instituées en Algérie, les indigènes musulmans ont pu y être représentés.

Le décret du 27 octobre 1858, qui réglait l'organisation administrative [2], décidait que les membres des conseils généraux pourraient être choisis « parmi « les notables européens et indigènes résidant dans « la province ou y étant propriétaires [3] ». On admettait donc implicitement que le soin de traiter les affaires départementales ne devait pas être confié aux seuls colons. L'idée que l'acte de 1858 contenait en germe fut par la suite développée. Les décrets du 11 juin 1870 [4] et du 28 décembre 1870 [5] ont d'une façon plus ou moins libérale reconnu aux indigènes le droit d'avoir des représentants que le décret du

---

1. Voyez les divers articles du décret du 23 septembre 1875.

2. Un arrêté du général Cavaignac, en date du 9 décembre 1848, avait antérieurement décidé qu'il y aurait dans chaque département de l'Algérie un conseil général électif (art. 16). Mais cet arrêté demeura lettre morte et, pendant dix ans, notre colonie resta dépourvue d'assemblées départementales.

3. Article 17 du décret du 27 octobre 1858.

4. Article 1er du décret du 11 juin 1870.

5. Article 5 du décret du 28 décembre 1870.

23 septembre 1875, actuellement en vigueur, désigne
sous le nom d'*assesseurs musulmans* [1].

Nous allons étudier les règles relatives à la nomination, au nombre et aux droits de ces représentants.

A. — NOMINATION. — Divers modes de nomination ont été tour à tour adoptés.

D'après le décret du 27 octobre 1858, la désignation devait être faite par l'Empereur sur la proposition du ministre de l'Algérie. Les indigènes, du reste,
ne pouvaient se plaindre, car ils étaient, sous ce
rapport, traités exactement comme les Français [2].

Le décret du 11 juin 1870, conçu dans un esprit
très large, introduisit la distinction suivante :

En territoire civil, les conseillers musulmans
étaient élus par les électeurs communaux appartenant à leur religion.

En territoire militaire, ils étaient au contraire
nommés par l'Empereur, sur la présentation du gouvernement général [3].

---

1. Art. 1ᵉʳ. — « Il y a dans chaque département de l'Algérie un
« conseil général composé de membres français et d'assesseurs
« musulmans. »

2. Article 17 de ce décret : « Les membres des conseils généraux
« sont nommés par l'Empereur, sur la proposition du ministre de
« l'Algérie et des colonies. Ils sont choisis parmi les notables euro-
« péens et indigènes résidant dans la province ou y étant proprié-
« taires. »

3. Article 3 de ce décret : « Les conseillers français, musulmans,

L'application du principe électif que faisait ce décret donna lieu à des critiques. Comment, disait-on, des individus qui n'étaient pas citoyens français se trouvaient-ils électeurs et éligibles [1]? A cela on pouvait répondre que la même objection se présentait en matière municipale et que cependant, depuis 1866, les indigènes jouissaient de l'électorat. Pourquoi vouloir rétablir entre les conseils généraux et les conseils municipaux une différence qu'aucune raison sérieuse ne pouvait justifier?

Sans tenir compte de ce raisonnement, le gouvernement de la Défense nationale rendit un décret par lequel il abrogeait la décision impériale [2]. Les motifs donnés à l'appui méritent d'être rapportés : « Consi-« dérant que le décret du 11 juin 1870 qui a orga-« nisé l'élection des membres des conseils généraux « en Algérie est en opposition avec les principes du « droit public, puisqu'il confère les droits d'électeur

« israélites et étrangers du territoire civil sont respectivement élus
« par les électeurs communaux de chacune de ces catégories.

« Les électeurs peuvent porter leurs suffrages sur les éligibles
« des diverses catégories.

« Les territoires militaires sont représentés au conseil général
« par les conseillers français et musulmans nommés par l'Empereur
« sur la présentation du gouvernement général. »

1. L'objection pouvait être faite, et avec plus de force, pour les
étrangers domiciliés auxquels le décret du 11 juin 1870 permettait
d'élire des conseillers généraux.

2. Décret du 28 décembre 1870.

« et d'éligible en matière politique à d'autres qu'aux
« citoyens français ou naturalisés français. Considé-
« rant qu'il ne saurait y avoir, dans les trois dépar-
« tements de l'Algérie, d'autre politique que la
« politique française. »

Au reste, tout en réservant aux seuls citoyens
français le bénéfice d'une représentation élective, le
Gouvernement jugeait convenable « de maintenir au
« sein des conseils les membres indigènes dont la
« présence avait répondu, dans le passé, aux exi-
« gences de la situation particulière des popula-
« tions »[1]. Seulement, ces membres devaient être
nommés par le ministre de l'intérieur sur les propositions du préfet et du général[2].

Depuis lors, le décret du 23 septembre 1875, qui
a remanié l'organisation des conseils généraux en

---

1. Exposé des motifs du décret du 28 décembre 1870.
2. Article 5 du décret du 28 décembre 1870 : « Ces six mem-
« bres seront nommés par le ministre de l'intérieur, sur les propo-
« sitions combinées entre le préfet du département et le général
« de brigade, chargé de l'administration des territoires dits mili-
« taires.

« ..... Pour le choix des membres assesseurs, et à mérite égal
« d'ailleurs entre les divers concurrents, les propositions des autori-
« tés départementales se porteront de préférence sur les notables
« indigènes qui auront acquis des notions pratiques de la langue
« française, afin qu'ils puissent, par eux-mêmes, se rendre compte de
« l'esprit des discussions et des intentions libératrices de la France
« à l'égard des populations musulmanes. »

Algérie, n'a apporté sur ce point aucun changement notable. D'après les articles 5, § 2, et 21, les assesseurs musulmans sont nommés pour six ans par le gouverneur général; ils sont renouvelables par moitié aux mêmes époques que les conseillers français [1].

Le mode de nomination présentement suivi est l'objet de nombreuses attaques [2].

On fait d'abord remarquer qu'il est contraire à la logique. Pourquoi les indigènes, qui peuvent élire des conseillers municipaux, ne peuvent-ils pas avoir une représentation élue dans les conseils généraux? Ne contribuent-ils pas à alimenter aussi bien le budget départemental que le budget communal? Les impôts arabes ne constituent-ils pas la principale ressource du département [3]?

---

1. Article 5, § 2, du décret du 23 septembre 1875 : « Les asses- « seurs sont choisis parmi les notables indigènes domiciliés dans le « département et y possédant des propriétés; ils sont nommés par « le gouverneur général. »

2. Consultez les ouvrages suivants : *La France coloniale*, par L. RAMBAUD, p. 53. — *La Colonisation chez les peuples modernes*, par P. LEROY-BEAULIEU, p. 431. — *L'Algérie*, par J.-J. CLAMAGERAN, p. 289 et 411.

3. Les impôts arabes sont : l'*Achour*, qui est prélevé sur les céréales;

Le *Hockor*, qui, dans la province de Constantine, frappe exclusivement sur les terres *Arch* et qui vient en sus de l'*Achour*;

Le *Zekkat*, qui est appliqué aux troupeaux recensés;

Le *Lezma*, qui, suivant les contrées, est tantôt un impôt de capitation et tantôt un impôt sur les palmiers.

Ensuite, dit-on, il présente un grave inconvénient. Les assesseurs musulmans désignés par le gouverneur général ne sauraient avoir une très grande indépendance. Se considérant comme de véritables fonctionnaires, « ils votent presque toujours selon les « vues de l'administration et nomment aux diverses « fonctions les candidats qu'elle a pour agréables [1] ». Ces critiques nous paraissent fondées : le système actuel est une « anomalie désormais peu justifia- « ble [2] ». Aussi, nous demandons que l'on substitue aux assesseurs musulmans des conseillers généraux élus par les électeurs municipaux indigènes. C'est là une réforme indispensable [3] sur laquelle le Conseil

---

Le rendement de ces impôts est très variable : il peut devenir très faible par suite des mauvaises récoltes ou des épizooties.

Pour l'année 1885, il a été de 15,299,937 fr. 46 c.; et, pour l'année 1886, de 16,361,002 fr. 87 c.

Les cinq dixièmes du produit sont attribués aux départements.

1. *L'Algérie et les questions algériennes*, par Ernest MERCIER, p. 263.

2. *La France coloniale*, par L. RAMBAUD, p. 53.

3. Tel n'est pas l'avis de M. Ernest Mercier. « Ceux qui voient, « dit-il, dans l'élection le remède à tous les maux, proposent de faire « élire les assesseurs actuels soit par le suffrage universel de leurs « coreligionnaires, soit, au second degré, par les conseillers munici- « paux indigènes. On peut essayer, mais à coup sûr le résultat sera « le même, par cette raison que, dans la population arabe, il existe « actuellement trop peu d'individus assez instruits, assez au courant « de notre civilisation et assez indépendants pour fournir un per- « sonnel convenable aux conseils généraux. » (*Op. cit.*)

général d'Alger a, en 1881 et en 1888, attiré l'attention des pouvoirs publics [1].

B. — NOMBRE. — D'après la législation de 1858, les conseillers généraux pouvaient être pris indistinctement aussi bien parmi les indigènes que parmi les Européens : aucune proportion n'était indiquée [2].

Lorsque le principe électif fut établi, un tableau annexé au décret détermina la part attribuée dans le conseil général à chaque catégorie de conseillers [3]. Le décret du 28 décembre 1870 décida que le nombre des assesseurs musulmans serait fixé à six pour chaque département [4]. Cette disposition n'a pas été modifiée par les décrets postérieurs [5]. Nous estimons

---

1. A la session d'avril 1888, M. Trolard ayant formulé un vœu dans ce sens, le conseil général d'Alger, après échange d'observations, vota par vingt-deux voix contre quatre, une résolution ainsi conçue : « Le conseil général, convaincu qu'il y a lieu d'étudier le « mode de la représentation indigène dans l'assemblée départemen- « tale, décide de nommer une commission chargée de présenter, à « la prochaine session, un projet de délibération motivée sur cette « question. »

2. Article 17 du décret du 27 octobre 1858.

3. Article 1er du décret du 11 juin 1870.

4. Article 5 du décret du 28 décembre 1870.

5. Le décret du 23 septembre 1875, sur l'organisation des conseils généraux, ne détermine pas le nombre des assesseurs musulmans. Voyez les articles 1 et 5 de ce décret.

Quant aux décrets du 12 octobre 1871, du 29 juillet 1880, du 18 août 1883, ils fixent le nombre de conseillers généraux français indépendamment des assesseurs musulmans désignés par le gouverneur général.

qu'elle est trop étroite. Suivant nous, les conseillers indigènes devraient figurer pour un tiers dans la composition de chaque assemblée.

C. — DROITS. — Les assesseurs musulmans siègent au même titre que les conseillers généraux élus par les citoyens français [1]. De là résultent les conséquences suivantes :

a) Ils ont, dans toutes les affaires, voix délibérative.

Pendant une période de douze ans (1858 à 1870), ce droit fut reconnu sans difficulté aux conseillers musulmans. Il ne pouvait du reste leur être à cette époque sérieusement contesté. N'étaient-ils pas, d'après la législation existante, nommés par le même procédé que les conseillers français et ne devaient-ils pas dès lors avoir les mêmes prérogatives que ces derniers? Mais, sous l'empire du décret du 28 décembre 1870, des doutes s'élevèrent sur ce point. On prétendit que les membres indigènes, simples assesseurs, ne devaient avoir que voix consultative.

Consulté par le gouverneur général, le ministre de l'intérieur n'admit pas cette manière de voir. A la date du 10 décembre 1871, il prit, avec l'approbation du Président de la République, une décision par

----

1. Décret du 23 septembre 1875, art. 5, § 2.

laquelle il se prononçait nettement en sens contraire[1].
S'appuyant sur les dispositions du décret du 28 décembre 1870, il disait : « L'article 5 de ce décret, en
« fixant le nombre des membres du conseil général
« de chaque département, comprend dans ce nom-
« bre : *six membres assesseurs choisis, comme par*
« *le passé, parmi les indigènes musulmans.* Or, dans
« le passé, c'est-à-dire de 1858 à 1870, les indigè-
« nes musulmans, membres des conseils généraux,
« ont toujours eu voix délibérative et, pour les en
« priver, il eût fallu une disposition expresse, alors
« surtout que l'intention de maintenir leurs droits
« antérieurs est formellement exprimée. » Puis,
abordant l'objection tirée du mot *assesseurs,* il mon-
trait qu'elle n'était point sérieuse. « Cette qualifica-
« tion n'implique pas nécessairement le retrait de la
« voix délibérative, puisque, dans divers textes de la
« législation coloniale, on rencontre des assesseurs
« ayant tantôt voix consultative, tantôt voix délibéra-
« tive. Tels sont, par exemple, les décrets du 5 mai
« 1861 et 13 décembre 1866 sur la justice musul-
« mane. Il y a donc lieu de penser qu'en désignant
« les indigènes par le titre d'assesseurs, le décret du

---

1. Décision des 29 novembre-10 décembre 1871. (Voyez *Dictionnaire de la législation algérienne,* par DE MÉNERVILLE, t. III,
p. 113).

« 28 décembre 1870 a voulu marquer une différence
« d'origine entre ces membres, qui devaient être
« nommés, et les membres français qui devaient être
« élus, et nullement retirer aux premiers un droit qui
« résultait pour eux de la législation antérieure. »

Après avoir adopté cette interprétation, le Gouvernement prononça la dissolution du conseil général d'Alger qui avait refusé d'admettre les membres indigènes à l'exercice du droit de vote et déclara nulles les délibérations prises par lui depuis l'ouverture de la session [1].

La question se trouvait ainsi tranchée par le pouvoir exécutif. Mais, en l'absence d'un texte précis, elle pouvait, d'un moment à l'autre, être soulevée de

---

1. Décret des 20-31 décembre 1871 :

« Considérant que le conseil général du département d'Alger a
« refusé d'admettre à l'exercice du droit de vote les membres indigè-
« nes désignés en vertu de l'article 5 du décret du 28 décembre 1870;
« qu'ainsi il a excédé la mesure de ses attributions et méconnu les
« règles constitutives de son organisation ;

« Considérant que le même refus a entaché de nullité les délibé-
« rations prises jusqu'à ce jour :

« Art. 1er. — Le conseil général du département d'Alger est dis-
« sous.

« Art. 2. — Les délibérations prises depuis l'ouverture de la ses-
« sion jusqu'à ce jour sont et demeurent annulées. »

Ce décret visait les articles 33 et 35 de la loi du 10 août 1871. Or, cette loi n'ayant pas été promulguée d'une façon spéciale en Algérie, n'y était pas applicable. (Conseil d'État. 12 février 1875. D. 1875, III, p. 119).

nouveau. Il importait de régulariser au plus tôt la situation. Dans ce but fut votée la loi du 22 novembre 1872, dont l'article 4 était ainsi rédigé : « Jusqu'à la loi sur la réorganisation de l'Algérie, « les assesseurs musulmans conserveront la voix que « leur donne le décret du 28 décembre 1870[1]. »

Depuis la promulgation de cette loi et du décret du 23 septembre 1875, le droit des assesseurs musulmans n'a plus été mis en doute ; mais on a prétendu que son exercice jetait le trouble dans les conseils généraux. « On y fait siéger, dit M. Gastu, des mem- « bres musulmans nommés par l'administration et « non citoyens sur le même pied que les membres « français élus. Le sort des délibérations les plus « graves est livré à des majorités factices. L'appoint « des voix musulmanes, se joignant à la minorité, « amène ce regrettable résultat. Ainsi est détruite l'ho- « mogénéité de ces assemblées. Froissées par le défaut « de sincérité qui dénature l'expression de leurs vo- « lontés, elles s'épuisent en débats irritants. L'admi- « nistration a triomphé, il suffit[2]. »

Ces inconvénients et les récriminations qu'ils en-

---

1. Cette loi avait trait aussi à la composition des conseils généraux de l'Algérie.

2. *Le peuple algérien*, par F. GASTU, p. 139.
Voyez aussi l'*Algérie et les Questions algériennes*, par E. MERCIER, p. 263. « Il en résulte que l'opinion des conseils généraux est trop « souvent faussée. »

traînent à leur suite cesseront de se produire le jour où l'on reviendra à l'idée vraie : l'élection des conseillers indigènes.

b) Ils participent à la nomination des membres du bureau : président, vice-présidents et secrétaires[1].

Nous trouvons encore, à ce sujet, des protestations[2] auxquelles la solution que nous avons présentée doit certainement mettre fin.

c) Ils font partie de la commission départementale.

D'après l'article 69 du décret du 23 septembre 1875, cette commission se compose de cinq membres français et d'un membre musulman désigné par le gouverneur général[3].

Nous estimons que les conseillers indigènes devraient pouvoir choisir leur délégué.

---

1. Cela résulte de la combinaison des articles 5, § 2, et 25 du décret du 23 septembre 1875.

2. « Il serait certainement préférable de réserver l'élection des membres du bureau aux Français seuls. » (*L'Algérie et les Questions algériennes*, *op. cit.*, p. 263.)

3. Il convient de remarquer que le membre musulman ne peut être président de la commission départementale. Arg. de l'article 71 du décret : « La commission départementale est présidée par le « plus âgé des membres élus. »

CHAPITRE III.

Conseils municipaux.

Les communes de l'Algérie peuvent être classées en trois catégories :

1° Les communes de plein exercice qui n'existent qu'en territoire civil;

2° Les communes mixtes qui existent en territoire civil et en territoire militaire[1];

3° Les communes indigènes ou subdivisionnaires qui n'existent qu'en territoire militaire[2].

———————

1. Les communes mixtes ont été établies en territoire militaire par l'arrêté du 20 mai 1868, art. 1er : « Le territoire militaire de « chaque subdivision est divisé en communes mixtes et en com- « munes subdivisionnaires. » Voyez aussi l'article 16 du décret du 27 décembre 1866.

L'établissement des communes mixtes en territoire civil est dû à l'initiative du vice-amiral de Gueydon, gouverneur général. L'arrêté du 24 novembre 1871 fit, comme on l'a dit, de la commune mixte « une institution civile ». Voyez *Administration des communes mixtes*, par M. DE PEYRE, p. 9.

Le général Chanzy, gouverneur civil, donna à la commune mixte du territoire civil sa forme définitive.

2. D'après le recensement de 1886, il y a :

232 communes de plein exercice;

78 communes mixtes en territoire civil;

6 communes mixtes en territoire de commandement ;

13 communes indigènes.

L'organisation municipale, qui est presque complète dans le territoire civil, est, au contraire, simplement esquissée dans le territoire militaire. Aussi, nous bornerons notre examen aux communes de plein exercice et aux communes mixtes du territoire civil, laissant de côté les communes mixtes du territoire militaire et les communes indigènes dont le nombre diminue grâce aux progrès incessants de l'administration civile [1].

I. — COMMUNES DE PLEIN EXERCICE.

Les communes de plein exercice sont des circonscriptions administratives dans lesquelles la population européenne a acquis beaucoup de densité et qui, en conséquence, sont, sauf quelques particularités, administrées comme les communes de la métropole [2].

---

1. En 1878, on comptait 17 communes mixtes et 29 communes indigènes. On voit que la diminution est sensible.

2. Loi du 5 avril 1884, art. 164 : « La présente loi est applicable « aux communes de plein exercice de l'Algérie sous réserve des « dispositions actuellement en vigueur concernant la constitution de « la propriété communale, les formes et conditions des acquisitions, « échanges, aliénations et partages, et sous réserve des dispositions « concernant la représentation des musulmans indigènes.

« Par dérogation aux articles 5 et 6 de la présente loi, les créa- « tions de communes, les changements projetés à la circonscription « territoriale des communes, quand ils devront avoir pour effet de « modifier les limites d'un arrondissement, seront décidés par décret « pris après avis du conseil général.

Le corps municipal de chacune d'elles se compose donc du conseil municipal, du maire et d'un ou de plusieurs adjoints [1]. En outre, il peut y avoir des adjoints indigènes dont l'autorité ne s'exerce que sur leurs coreligionnaires [2].

Depuis quarante ans [3], l'élément indigène n'a pas cessé d'être représenté dans les conseils municipaux. L'ordonnance du 28 septembre 1847, qui introduisit

« Par dérogation à l'article 74, les conseils municipaux peuvent « allouer aux maires des indemnités de fonctions, sauf approbation « du gouverneur général. »

1. Article 1er de la loi du 5 avril 1884, combiné avec l'article 161 de la même loi.

2. Article 5 du décret du 7 avril 1884 : « Dans les communes de « plein exercice où la population musulmane est assez nombreuse « pour qu'il y ait lieu d'exercer à son égard une surveillance spéciale, « cette population est administrée, sous l'autorité immédiate du « maire, par les adjoints indigènes.

« Ces adjoints peuvent être pris en dehors du conseil et de la « commune. Dans ces deux cas, ils ne siègent pas au conseil « municipal.

« Le préfet détermine, par des arrêtés, les communes où doivent « être établis des adjoints indigènes, ainsi que le nombre, la ré- « sidence et le traitement de ces agents.

« ..... Les titulaires de ces emplois sont nommés, le maire « préalablement consulté, par le préfet, qui peut le suspendre, dans « la même forme, pour un temps qui n'excèdera pas trois mois. »

Voyez aussi l'article 6 du même décret qui énumère les attributions de ces adjoints.

3. M. Leroy-Beaulieu dit que, depuis 1830, toujours l'élément indigène a été représenté, mais il se trompe, car l'organisation municipale en Algérie date seulement de 1847. *Colonisation chez les peuples modernes*, p. 430.

l'organisation municipale en Algérie, décida que la population musulmane, lorsqu'elle atteindrait un certain chiffre, pourrait avoir des conseillers chargés de défendre ses intérêts [1]. Une disposition semblable fut insérée dans le décret du 27 septembre 1866 [2], qui remplaça cette ordonnance [3]. Enfin, la loi du 5 avril 1884 a formellement consacré la représentation des indigènes [4] et le décret du 7 avril 1884 l'a organisée sur des bases nouvelles [5].

Suivant un plan déjà adopté, nous examinerons comment les conseillers musulmans sont nommés, combien ils sont et de quels droits ils jouissent.

A. — NOMINATION. — En étudiant les textes,

---

1. Article 13 de l'ordonnance du 23 septembre 1847 : « Dans les « communes où la population indigène sera du dixième au moins de « la population totale, des indigènes pourront être nommés mem-« bres du conseil municipal. »

2. Article 13 du décret du 27 décembre 1866 : « Chacune des trois « dernières catégories désignées par l'article 11 a droit de représen-« tation dans le conseil municipal, dès que sa population atteint « le chiffre de 100 individus. »

3. Dans l'intervalle, un arrêté du 16 août 1848 avait même reconnu aux indigènes le droit d'avoir des représentants élus; il fut, nous le verrons, abrogé par le décret du 8 juillet 1854.

4. Article 164 de la loi du 5 avril 1884.

5. M. P. Leroy-Beaulieu dit : « Les dispositions adminis-« tratives très équitables qui avaient régi pendant près d'un demi-« siècle le droit municipal en Algérie, ont très malencontreusement « été modifiées en 1884 par une loi et un décret empreints de « l'esprit le plus rétrograde ». *De la Colonisation chez les peuples modernes,* p. 430.

nous constatons que, sur ce point, la législation a souvent varié.

L'article 13 de l'ordonnance du 28 septembre 1847 donnait au gouverneur général le droit de nommer tous les conseillers municipaux, français ou indigènes. Ce mode de recrutement devait être bientôt abandonné. Au lendemain de la Révolution de Février, l'arrêté du 16 août 1848 vint disposer qu'à l'avenir la nomination se ferait par voie d'élection[1].

Le système nouveau ne fut pas longtemps pratiqué. En 1854, le gouvernement impérial abrogea l'arrêté de Cavaignac et remit en vigueur l'ordonnance royale[2]. Cet acte était la conséquence des tendances réactionnaires qui dominaient alors dans la métropole.

Après quelques années, on revint à des idées plus libérales. Le décret du 27 décembre 1866[3], modifiant

---

1. Article 3 de l'arrêté du 16 août 1848.

2. Décret du 7 juillet 1854 :

Art. 5. — « Sont applicables au corps municipal desdites communes celles des dispositions du titre Ier de l'ordonnance susvisée du 27 septembre 1847 auxquelles il n'est pas dérogé par le présent décret.

« L'arrêté du chef du pouvoir exécutif du 16 août 1848, sur les municipalités de l'Algérie, est abrogé. »

3. Article 9 du décret du 27 décembre 1866 : « Dans chaque commune, les citoyens français ou naturalisés, les indigènes musulmans, les indigènes israélites, les étrangers élisent, conformément aux dispositions ci-après, leurs représentants respectifs au conseil municipal. »

l'organisation municipale, rétablit le principe électif.
C'est ce principe que nous trouvons soigneusement
réglementé dans le décret actuel.

Nous devons insister sur les conditions de l'électorat et de l'éligibilité.

I. *Electorat*. — D'après l'article 2 du décret du 7
avril 1884, les indigènes musulmans, pour être admis
à l'électorat municipal, doivent :

1° Être âgés de vingt-cinq ans.

Sous ce rapport le décret du 7 avril 1884 reproduit
le décret du 27 décembre 1866 [1], mais il s'écarte de
l'arrêté du 16 août 1848 [2]. Il est, du reste, assez
difficile de dire pourquoi les auteurs des décrets ont
cru devoir élever la limite d'âge de vingt et un à
vingt-cinq ans, supprimant ainsi toute différence
entre l'électorat et l'éligibilité. Du moment que l'indigène musulman qui a vingt et un ans peut réclamer la
qualité de citoyen français [3], il devrait pouvoir participer aux élections municipales, le premier acte
étant, au point de vue politique, plus grave que le
second.

2° Avoir une résidence de deux années consécutives.

M. P. Leroy-Beaulieu prétend que le décret nou-

---

1. Décret du 27 décembre 1866, art. 10.
2. Arrêté du 16 août 1848, article 5 combiné avec article 8.
3. Article 1er du décret du 24 octobre 1870.

veau se montre, à cet égard, plus rigoureux que la législation antérieure [1]. Cette affirmation est, comme on l'a fait observer [2], contraire à la vérité. En effet, le décret du 10 septembre 1874, modifiant l'article 10 du décret du 27 décembre 1866, avait substitué au domicile d'un an une résidence de deux années consécutives dans la commune [3]. D'ailleurs, ce changement ne pouvait se justifier par aucune raison sérieuse.

3° Se trouver, en outre, dans l'une des conditions suivantes :

a) Être propriétaire foncier ou fermier d'une propriété rurale.

Le décret du 7 avril 1884, à la différence de l'arrêté de 1848, ne mentionne pas la location des immeubles urbains, mais, en retour, il tient compte de tout fermage de biens ruraux, quel que soit le montant du prix [4].

---

1. *De la Colonisation chez les peuples modernes*, p. 430.

2. *Revue algérienne de législation et de jurisprudence*, numéro d'avril 1888, p. 89.

3. Décret du 10 septembre 1874 rendant applicable aux musulmans et aux étrangers habitant l'Algérie la loi du 7 juillet 1874 :

Art. 1er. — « Les habitants indigènes musulmans et étrangers « de l'Algérie devront, pour être admis à l'électorat municipal, rem- « plir, outre toutes les conditions exigées par l'article 10 du décret « du 27 décembre 1866, celle d'une résidence de deux années consé- « cutives dans la commune. Ils n'y seront inscrits sur la liste électo- « rale qu'après en avoir fait la demande et avoir déclaré le lieu et « la date de leur naissance. »

4. D'après l'arrêté du 16 août 1848, l'indigène musulman payant,

b) Être employé de l'État, du département ou de la commune.

On sait que les indigènes peuvent, sans avoir obtenu la naturalisation, être appelés à remplir des fonctions et emplois civils en Algérie. Cette faculté leur a été reconnue par le sénatus-consulte du 14 juillet 1865 : elle a été réglementée par le décret du 21 avril 1866 [1].

c) Être membre de la Légion d'honneur, décoré de la médaille militaire [2], d'une médaille d'honneur ou d'une médaille commémorative ou autorisée par le gouvernement français, ou titulaire d'une pension de retraite [3].

---

depuis six mois au moins, un loyer annuel de plus de 600 fr. pour locations de terre ou maisons, était admis à concourir à l'élection des conseillers municipaux. Article 5 combiné avec article 8.

1. Le décret du 21 avril 1866 contient un tableau des fonctions ou emplois civils auxquels l'indigène musulman peut être appelé en Algérie. Les services énumérés sont les suivants : justice, postes et télégraphes, travaux publics, instruction publique, finances, eaux et forêts, administration générale et municipale.

2. L'indigène musulman peut servir dans les armées de terre et de mer. Sénatus-consulte du 14 juillet 1865, art. 1er, § 2. Le décret du 21 avril 1886 règle l'admission, le service et l'avancement des indigènes dans les deux armées. Art. 1 à 10.

3. Les indigènes titulaires de fonctions et emplois civils, ont droit à la pension de retraite aux conditions, dans les formes et suivant les tarifs qui régissent les fonctionnaires en France. Toutefois, leurs veuves ne sont admises à la pension civile que si le mariage a été accompli sous la loi civile française. Tit. III, art. 10, §§ 3 et 4 du décret du 21 avril 1866.

L'article 10 du décret du 27 décembre 1866 accordait aussi l'électorat à celui qui exerçait une profession, un commerce ou une industrie soumis à l'impôt des patentes. Aucune disposition analogue ne se trouve dans le décret du 7 avril 1884; donc, les indigènes patentés ne peuvent plus figurer parmi les électeurs. Nous estimons que cette omission, volontaire ou non, est regrettable[1]. Il nous semble, en effet, qu'un commerçant ou un industriel payant une patente, sera plus intéressé à bien choisir les conseillers municipaux qu'un ancien militaire décoré d'une médaille commémorative! Au reste, tout en déplorant cette lacune, nous pensons qu'elle ne saurait être comblée autrement que par voie de décret. C'est donc à tort qu'on a continué d'inscrire les Musulmans patentés sur les listes électorales. Une semblable pratique, « quelque conforme qu'elle puisse paraître « aux égards que l'administration française doit aux « indigènes, ne pourra manquer d'être condamnée « dès qu'un individu inscrit sur la liste électorale « usera du droit qui est conféré à tout électeur par « l'article 19 du décret organique du 2 février 1852, « en réclamant leur radiation[2] ».

---

1. M. P. Leroy-Beaulieu critique aussi, à ce propos, le décret de 1884. *La Colonisation chez les peuples modernes*, p. 430.

2. *Revue algérienne de législation et de jurisprudence*, p. 89.

Notons, en terminant, que les indigènes ne sont inscrits sur la liste des électeurs musulmans qu'après en avoir fait la demande et avoir déclaré le lieu et la date de leur naissance [1].

II. *Éligibilité.* — Les indigènes musulmans peuvent choisir leurs représentants non seulement parmi leurs coreligionnaires, mais aussi parmi les citoyens français ou naturalisés. L'article 3 du décret du 7 avril 1884 fixe d'une façon différente les conditions d'éligibilité, suivant que les individus qu'il s'agit d'élire appartiennent à l'une ou à l'autre de ces deux catégories.

Les indigènes musulmans, pour pouvoir être élus, doivent :

1° Être âgés de vingt-cinq ans ;

2° Être domiciliés dans la commune depuis trois ans au moins ;

3° Être inscrits sur la liste des électeurs municipaux [2].

Quant aux citoyens français ou naturalisés, ils ne sont éligibles au titre musulman que s'ils remplissent

---

1. Un arrêté du gouverneur général du 27 novembre 1884 a réglé les détails d'application du décret.

2. Ce sont les trois conditions exigées antérieurement par le décret du 27 décembre 1866, art. 12.

D'après l'arrêté du 16 août 1848, tous les musulmans électeurs, âgés de vingt-cinq ans, étaient éligibles.

les conditions prescrites par l'article 31 de la loi du 5 avril 1884 [1].

B. — NOMBRE. — L'article 1er du décret du 7 avril 1884 fixe le nombre des conseillers élus par les indigènes musulmans de la façon suivante :

Deux conseillers de 100 à 1,000 habitants musulmans. Au-dessus de ce chiffre, il y aura un conseiller de plus par chaque excédant de 1,000 habitants musulmans sans que le nombre de ces conseillers puisse jamais dépasser le quart de l'effectif total du conseil, ni dépasser le nombre de six [2].

M. P. Leroy-Beaulieu, parlant de cet article et le comparant à la disposition correspondante du décret antérieur [3], dit : « Qu'il a réduit au quart, au lieu du

---

1. Art. 31 : « Sont éligibles au conseil municipal, sauf les res-
« trictions portées au dernier paragraphe du présent article et aux
« deux articles suivants, tous les électeurs de la commune et les
« citoyens inscrits au rôle des contributions directes ou justifiant
« qu'ils devaient y être inscrits au 1er janvier de l'année de l'élec-
« tion, âgés de vingt-cinq ans accomplis. »

2. Voyez les considérants de ce décret : « Attendu qu'il importe
« de déterminer à nouveau le chiffre des conseillers musulmans, en
« tenant compte à la fois des effectifs des nouveaux conseils et de
« la population musulmane de chaque commune. »

3. Décret du 27 décembre 1866, art. 11 et 13 :

Art. 11 : « Il est dressé, pour chaque commune, par sections
« municipales et par catégories d'habitants, une liste comprenant :
« les citoyens français ou naturalisés, — les indigènes musulmans,
« — les indigènes israélites, — les étrangers remplissant les condi-
« tions énumérées en l'article 10.

« tiers, le nombre des conseillers municipaux que
« pourraient élire les Musulmans pour chaque con-
« seil [1]. »

Suivant M. Eugène Godefroy, une pareille assertion n'est pas absolument exacte, puisque le tiers
était précédemment partagé entre la représentation
musulmane et la représentation étrangère [2].

L'un et l'autre se trompent sur la portée du décret
de 1866. En effet, le tiers dont parlait l'article 13 de ce
décret devait être réparti en trois catégories d'habitants : les étrangers, les indigènes israélites [3], les
indigènes musulmans, et, dès lors, la part attribuée à
ces derniers devait être d'autant plus restreinte.

Du reste, nous ne voulons pas nous arrêter davantage à une discussion qui nous paraît oiseuse. Il nous
suffit de constater que la proportion actuelle est trop
faible [4]. Le nombre des conseillers musulmans devrait

« Art. 13. — Le nombre des conseillers appartenant aux trois
« dernières catégories ne peut dépasser le *tiers* du nombre total des
« membres du conseil, ni être inférieur à trois. Le nombre des mem-
« bres à élire pour chacune des trois catégories ci-dessus désignées
« est fixé, pour chaque commune, par un arrêté du gouverneur
« général, le conseil de gouvernement entendu. »

1. *De la Colonisation chez les peuples modernes*, p. 430.

2. *Revue algérienne de législation et de jurisprudence*, numéro
d'avril 1888, p. 87.

3. Les Israélites n'étant pas encore naturalisés en masse avaient
des représentants spéciaux.

4. Elle est dans les plus grandes villes de :

être porté au tiers de l'effectif total, le chiffre de six pouvant être dépassé.

C. — Droits. — Les conseillers élus par les indigènes musulmans siègent au même titre que les conseillers élus par les citoyens français [1].

Toutefois, ce principe comporte deux restrictions [2] :

1° D'abord, ils ne prennent pas part à la désignation des délégués pour les élections sénatoriales. Sous ce rapport, le décret du 7 avril 1884 fait simplement l'application de l'article 11 de la loi du 2 août 1875 ;

2° Ensuite, ils ne participent pas à la nomination du maire et des adjoints. C'est là une innovation introduite par le décret du 7 avril 1884.

Antérieurement, du moins depuis la promulgation des lois qui consacraient l'élection des maires et adjoints [3], les conseillers indigènes étaient admis à

---

6 Musulmans, au maximum, contre 21 à 36 Français ;

Dans les plus petites localités :

De 2 Musulmans contre 10 Français. Voyez l'étude de M. Godefroy déjà citée.

1. Article 4 du décret du 7 avril 1884.

2. Aucune restriction n'existe lorsque les conseillers élus par les indigènes musulmans sont citoyens français.

3. La loi du 12 août 1876, qui rendait au conseil municipal le droit d'élire le maire et les adjoints parmi ses membres, faisait une exception pour les communes chefs-lieux de département,

voter. Aussi la disposition nouvelle qui leur enlevait ce droit fut-elle fort mal accueillie. Dès le 18 mai 1884, les Musulmans du conseil d'Alger déposèrent la protestation suivante :

« Le décret du 7 avril dernier a retiré aux Musul-« mans des communes de plein exercice, le droit « dont nous jouissons depuis fort longtemps de « concourir à la nomination des maires et des « adjoints. Au moment où vous allez procéder à ce « choix, nous tenons à protester, tant en notre nom « qu'au nom de nos électeurs, contre une mesure « incompréhensible, illégale même, en ce sens qu'elle « est contraire à l'esprit et à la lettre de l'article 164 « de la loi du 5 avril dernier, qui nous retire un droit « que nous avions et dont nous n'avons jamais « mésusé.

« Nous devons exprimer ici toute la douleur que « nous ressentons à la suite de cette privation.

« Entièrement soumis à la France, les Musulmans « d'Alger, en particulier, lui ont donné, en maintes « circonstances, des marques de leur dévouement. « Bien que n'ayant pas de représentants au Parle-

---

d'arrondissement et de canton, où la nomination devait avoir lieu par décret du Président de la République. Cette limitation fut supprimée par la loi du 28 mars 1882, dont l'art. 3 portait : « La pré « sente loi est applicable à l'Algérie sous réserve des dispositions du « décret du 27 décembre 1866, concernant les adjoints indigènes. »

« ment, nous espérons que nos voix y parviendront
« et que des cœurs sympathiques et généreux,
« comme les vôtres, soutiendront notre cause et la
« feront triompher [1]. »

Ces doléances étaient fondées. Vainement on a
cherché à y répondre en disant que le maire était
non seulement le représentant de la commune, mais
l'agent du pouvoir central [2]. Un pareil argument peut,
sans doute, servir à expliquer la nomination directe
par le chef de l'Etat, mais il ne saurait être invoqué
à propos de la question que nous examinons. Du
moment que le principe électif est consacré par le
législateur, nous pensons que tous les conseillers municipaux indistinctement doivent prendre part à l'élection du maire. Ainsi le veulent la raison et l'équité [3].

---

1. Cette protestation était signée par MM. Abderrhaman Bonatero,
— Ben Marabet, — Mouloud ben Saïd, — Chikiken, — Ben-Sidi-
Saïd. Avant de la déposer, Abderrhaman Bonatero prononça un
petit discours dans lequel nous relevons les phrases suivantes :
« Nous siégeons dans cette enceinte au même titre que les citoyens
« français : les mêmes intérêts nous y réunissent. Dans ces condi-
« tions, il ne saurait exister d'antipathie de race ; nous avons tous
« les mêmes auteurs : Adam et Ève ; nous sommes tous d'une même
« famille. Chacun de nous a sa dignité ; si nous la respectons chez
« autrui, nous avons droit à la réciprocité. La France, dans sa sa-
« gesse, entend que nous soyons gouvernés avec modération, clé-
« mence et justice. » *Petit Algérien* du 22 mai 1884.

2. Voyez *Analyse du cours de législation algérienne*, professé
par M. Léon Charpentier à l'École supérieure de droit d'Alger, p. 50.

3. *De la Colonisation chez les peuples modernes*, par M. P. LEROY-
BEAULIEU, p. 430.

II. — COMMUNES MIXTES DU TERRITOIRE CIVIL.

Les communes mixtes sont des circonscriptions administratives dans lesquelles la population indigène est dominante, mais dans lesquelles, cependant, la population européenne commence à fonder quelques établissements [1]. Elles sont créées et organisées par des arrêtés du gouverneur général délibérés en conseil du gouvernement [2].

Dans chacune d'elles, on trouve un administrateur et une commission municipale.

Nommé par le gouverneur général, sur la proposition du préfet [3], et pourvu d'un traitement, l'admi-

---

1. Cette définition se trouve dans les documents officiels. Voyez l'*État actuel de l'Algérie*, publié par ordre de M. Grévy, p. 4.

2. Article 7 du décret du 7 avril 1884 : « Des arrêtés du gouver- « neur général, délibérés en conseil de gouvernement, pourvoient à « la création et à l'organisation des communes mixtes et des com- « munes indigènes. »

3. Arrêté du gouverneur général du 12 juin 1882, art. 1er.

Cet article indique les conditions d'aptitude. « Nul ne peut être « nommé administrateur de commune mixte s'il n'est âgé de trente « ans au moins ; s'il ne justifie de cinq années de service en Algérie, « soit dans l'administration centrale ou l'administration départemen- « tale, soit comme magistrat, soit comme officier de l'armée active, « soit dans une administration financière recrutée au concours, s'il « n'a subi avec succès, au moins pour les épreuves orales, l'examen « pour l'obtention de la prime de 2e classe de langue arabe ou « kabyle. » Voyez aussi la circulaire du 20 octobre 1882 et l'arrêté du 2 avril 1883 relatifs aux peines disciplinaires, aux congés et au costume du personnel des communes mixtes.

nistrateur remplit les fonctions de maire[1] et, de plus, réprime, par voie disciplinaire, les infractions spéciales à l'indigénat commises par les indigènes non naturalisés[2].

Pour le seconder, et au besoin le remplacer, il y a un adjoint qu'on désigne sous le nom d'adjoint à l'administrateur[3].

La commission municipale qui est investie des attributions conférées aux conseils municipaux de l'Algérie par l'ordonnance du 28 septembre 1847[4], se compose :

---

1. Arrêté du 31 août 1880, art. 2 et 3. — Arrêté du 12 juin 1882, art. 2.

2. La loi du 28 juin 1881, art. 1er, portait : « La répression par voie « disciplinaire des infractions spéciales à l'indigénat, appartient « désormais, dans les communes mixtes du territoire civil, aux « administrateurs de ces communes...

« Ils appliqueront des peines de simple police aux faits précisés « par les règlements comme constitutifs de ces infractions. »

Ce pouvoir disciplinaire, concédé d'abord pour une durée de sept ans seulement (art. 3), a été maintenu pour deux autres années par la loi du 27 juin 1888. On peut lire, à ce sujet, une discussion intéressante du Sénat. Séances des 22 et 25 juin 1888, *J. off.*, p. 991 et suivantes.

3. Les adjoints sont nommés par arrêté du gouverneur sur la proposition du préfet. Sur les conditions de nomination, consultez l'article 1er de l'arrêté du 12 juin 1882.

4. On applique l'article 11 de l'arrêté du 20 mars 1868. Cet article est ainsi conçu : « Les commissions municipales délibèrent sur « toutes les matières soumises aux conseils municipaux des com- « munes de plein exercice par les articles 34, 35, 37 et 38 de l'or- « donnance du 28 septembre 1847. »

1° De l'administrateur, président, ou à son défaut, en cas d'absence ou d'empêchement, de l'adjoint à l'administrateur;

2° D'adjoints français chargés, dans leurs sections respectives, des fonctions d'officiers de l'état civil ';

3° De membres français;

4° De membres indigènes remplissant les fonctions d'adjoints dans leurs sections respectives ².

Le nombre de ces membres est fixé par l'arrêté de création de la commune ³.

Les adjoints et les membres français, qui primitivement étaient nommés par le préfet ⁴, sont aujourd'hui, comme les conseillers municipaux des

---

1. La délégation est donnée par l'administrateur aux adjoints français en vertu de l'article 11 de l'arrêté du 20 mai 1868. Voici le texte de cet article : « Lorsque la commune mixte est divisée en « section, il est institué, pour chaque section, hors du chef-lieu, « un adjoint spécial, chargé des fonctions d'officier de l'état civil « et des autres attributions municipales qu'il conviendrait au com- « mandant du cercle de lui déléguer.

Cette disposition, qui visait les communes mixtes du territoire militaire, est étendue aux communes mixtes du territoire civil.

2. Ces fonctions sont celles des adjoints indigènes dans les communes de plein exercice. Articles 5 et 6 du décret du 7 avril 1884.

3. On peut, à ce sujet, consulter tous les arrêtés de création pris de 1879 à 1888. Voyez aussi l'article 7 du décret du 7 avril 1884 et l'article 2 de l'arrêté du 7 avril 1888.

4. Article 7 de l'arrêté du 20 mai 1868, modifié par l'article 3 de l'arrêté du 24 novembre 1871 : « Les adjoints et les membres « des commissions municipales sont nommés pour trois ans, par le « préfet, et peuvent toujours être renommés. »

communes de plein exercice, élus par les citoyens français inscrits sur la liste électorale [1].

Ils sont nommés pour quatre ans et renouvelés le premier dimanche de mai [2].

Au contraire, les membres indigènes demeurent toujours à la nomination du préfet, qui peut les suspendre et les révoquer [3]. Cette différence est critiquable : à tous égards, il convient que le système électif soit appliqué aussi bien aux membres indigènes qu'aux membres français.

---

1. Article 7 du décret du 7 avril 1884 : « Dans les centres européens compris dans le périmètre des communes mixtes, les « adjoints et les membres français des commissions municipales, « dont le nombre continuera d'être fixé par les arrêtés de création, « sont élus par les citoyens français incrits sur la liste électorale. »

2. Décret du 12 avril 1887, art. 1 et 2. Arrêté du 7 avril 1888, art. 1.

3. Circulaires du gouverneur général du 16 mai 1874, du 15 septembre 1880, du 8 décembre 1882. Voici un passage intéressant de cette dernière circulaire : « Aux termes de l'article 6 de l'arrêté « du 24 novembre 1871, les membres des commissions municipales « des communes mixtes sont choisis parmi les habitants de la circonscription communale remplissant les conditions exigées pour « faire partie des conseils municipaux en Algérie. Cela veut dire que « l'adjoint indigène, lequel représente toujours, au sein de la commission municipale, le douar ou la tribu dont il est le chef, doit « être d'une honorabilité reconnue et avoir, autant que possible, sa « résidence, sinon dans le douar même, au moins dans la commune « mixte. Dans ces conditions, je ne saurais voir aucun inconvénient « à ce que vous usiez toujours, en vertu de la délégation du 16 mai « 1874, du pouvoir de nommer les adjoints indigènes. » Voyez l'article 3 du décret du 12 avril 1887 sur le renouvellement des membres nommés par l'administration.

Conclusion.

Les indigènes musulmans, on vient de le voir, sont représentés dans la plupart des assemblées locales de l'Algérie. Toutefois, nous avons relevé, dans la législation actuelle, quelques lacunes et de nombreuses imperfections. Suivant nous, il faudrait introduire les réformes suivantes :

1° Ouvrir aux indigènes l'entrée du conseil supérieur du gouvernement ;

2° Substituer aux assesseurs musulmans nommés par le gouverneur des conseillers généraux élus par leurs coreligionnaires ;

3° Améliorer le décret du 7 avril 1884 relatif à la représentation des indigènes en faisant disparaître les restrictions qui sont de nature « à froisser de plus « en plus les Arabes, au fur et à mesure qu'ils de- « viennent plus instruits et plus semblables aux « colons [1] » ;

4° Dans les communes mixtes, faire nommer à l'élection les membres indigènes des commissions municipales [2].

---

1. *De la colonisation chez les peuples modernes*, p. 430.

2. M. E. Masqueray, directeur de l'École des lettres d'Alger, examinant les propositions formulées par nous, s'exprime de la façon suivante : « C'est là certainement un minimum contre lequel on

Ces changements une fois accomplis, les Musulmans pourront plus largement participer au manie-
ment des affaires locales et s'habituer peu à peu à
la vie publique. Quand ils auront ainsi fait une sorte
d'apprentissage, alors seulement on pourra, avec
quelque profit, leur accorder le titre de citoyens français [1]. Procéder autrement ce serait risquer de faire
une concession plus nuisible qu'utile à ceux qui en
seraient l'objet.

En résumé, toute proposition tendant à déclarer
les indigènes citoyens français nous paraît venir
trop tôt. Elle ne doit pas être adoptée tant que les

« ne saurait élever d'objection sérieuse, et tous les bons esprits,
« qui déplorent ici même la torpeur dans laquelle nous maintiennent
« d'injustes et d'inexplicables préventions, souhaitent vivement de
« l'obtenir. » *Journal des Débats* du mardi 30 juillet 1889. Lettre
d'Algérie.

1. Dans un article intitulé : *Questions algériennes et tunisiennes*,
M. Gomel recommande aussi au législateur la prudence : « En
« attendant, dit-il, que l'on permette aux Arabes de participer au
« choix des députés algériens, il serait juste de donner aux plus
« dignes d'entre eux, aux propriétaires, aux patentés, à ceux qui ont
« servi dans nos armées ou qui sont employés dans les fonctions pu-
« bliques, une représentation élective dans toutes les assemblées
« locales qui ont à prononcer sur leurs intérêts : conseils municipaux,
« conseils généraux et conseil supérieur de l'Algérie. » *Journal des
Économistes*, livraison de novembre 1887. Il y a lieu de faire
une petite critique au point de vue de la forme ; par suite des
expressions trop générales dont se sert l'auteur, on pourrait croire
que les indigènes n'ont pas de représentants élus dans les conseils
municipaux.

réformes indiquées plus haut n'auront pas été réalisées et n'auront pas produit tout leur effet. Ce n'est là, du reste, qu'un sursis de quelques années qui ne saurait avoir de graves inconvénients, puisque les Musulmans, désireux d'acquérir la plénitude de droits politiques, n'ont qu'à recourir à la procédure si simple de la naturalisation [1] !

1. Les Musulmans sont peu disposés à se faire naturaliser. Pendant la période de 1865 à 1887 inclus, on ne constate que 705 naturalisations.

Nous avons indiqué les raisons pour lesquelles les indigènes ne veulent pas profiter des dispositions du sénatus-consulte de 1865. Consultez notre étude sur la naturalisation des indigènes musulmans contenue dans ce volume.

L'ARBITRAGE INTERNATIONAL

AU XIXᵉ SIÈCLE [1].

En face des conflits qui menacent à chaque instant
de troubler la paix de l'Europe, l'esprit de chacun de
nous est porté naturellement vers l'étude de l'arbitrage international. Assez longtemps le sang a coulé
sur les champs de bataille, l'heure est maintenant
venue d'écouter la voix de la raison et de prévenir,
au moins dans une certaine mesure, de nouveaux désastres. Sans s'abandonner à ces vaines utopies qui
ruinent les plus nobles causes, ne peut-on point
diminuer les chances de guerre?

Cette grave question semble avoir peu préoccupé
l'antiquité qui cependant ne resta pas étrangère à
l'étude de la haute philosophie morale et politique.

---

1. Consultez notre ouvrage : *L'Arbitrage international dans le
passé, dans le présent et l'avenir.* Ouvrage couronné par la Faculté
de droit de Paris. Durand et Pedone-Lauriel, éditeurs, 1877.

A quoi faut-il donc attribuer cette indifférence sur un point aussi grave ? Les motifs qu'on en peut donner sont fort nombreux.

Les peuples encore privés des bienfaits de la civilisation trouvaient dans les combats un moyen de satisfaire leurs instincts féroces et d'attirer à eux les richesses de leurs voisins. De plus les relations entre les divers pays étaient rares, la grande loi de l'échange n'avait pas encore uni toutes les nations dans une aussi étroite solidarité. Enfin les combats n'avaient pas pris des proportions aussi gigantesques : le plus souvent les guerriers étaient peu nombreux et les armements restaient imparfaits.

De nos jours la face des choses est profondément modifiée au grand détriment de la paix générale. Les luttes qui dans le milieu de notre siècle avaient pris un caractère plus courtois et moins cruel, ont marqué, dans ces dernières années, un retour fatal vers le passé. En outre les armées de l'Europe atteignent plusieurs millions de soldats parfaitement équipés et exercés. Ce développement des forces militaires est plein de menaces; il épuise en temps de paix les richesses des nations et il doit entraîner en temps de guerre des désastres épouvantables [1]. Ce n'est

---

[1]. Le colonel Hennebert, dans son livre intitulé : *L'Europe sous les armes*, nous montre d'une façon saisissante à quel chiffre pro-

plus la conquête d'un petit territoire, c'est l'existence d'un peuple qui est discutée maintenant sur les champs de bataille. Enfin les intérêts moraux et économiques de tous les états sont si intimement liés qu'au moindre conflit la perturbation est universelle et que partout l'activité et la vie semblent se retirer.

La situation présente est donc pleine de périls; et cependant pour prévenir des luttes épouvantables quel frein peut-on opposer à la vanité des peuples ou à la légéreté des princes? Dans les temps reculés de l'histoire le chef de quelque grande maison étendait son autorité sur le reste du monde et s'érigeait en juge de toutes les querelles entre les princes. Le Saint-Empire et la Papauté purent jouer ce grand

---

digieux s'élèvent les effectifs militaires de certaines puissances : « La loi du 2 mai 1874 donne à l'Allemagne la faculté d'appeler, « en cas de guerre, plus de *six millions* d'hommes; la loi du « 1er janvier de cette même année 1874 permet à la Russie d'en « armer près de *treize millions*. Mais laissons de côté ces multitu- « des invraisemblables et ne nous attachons qu'à des chiffres de « vrais combattants. Eh bien! en cas de guerre l'Allemagne peut « disposer de *trois millions huit cent soixante mille* hommes par- « faitement instruits; la Russie de *deux millions cinq cent mille* « hommes également bien préparés. La loi du 5 décembre 1868 « ouvre à l'Autriche-Hongrie le moyen d'en avoir *un million deux* « *cent soixante-cinq mille*, de sorte que le fait d'alliance austro- « germano-russe pourrait matériellement se traduire par l'action « combinée de plus de *sept millions cinq cent mille* combattants. » *Op. cit.*, p. 197.

rôle pendant plusieurs siècles [1]. Dans la suite les cabinets européens, pour opposer une digue aux passions violentes, adoptèrent quelques vues générales dans leur direction politique et inaugurèrent des combinaisons quelquefois heureuses. De nos jours toutes ces dernières garanties qui pouvaient encore rendre des services, ont complètement disparu. La théorie de l'équilibre européen, nettement posée par le traité de Westphalie, est abandonnée comme peu efficace; le fameux programme de la Sainte-Alliance est condamné comme funeste à la liberté des états ; le règne de la force semble vouloir s'établir sur les ruines de la justice et de la raison.

Un péril si pressant ne pouvait manquer d'émouvoir les défenseurs de la civilisation. Des efforts ont été entrepris dans le but de rendre plus fréquent le recours à des voies pacifiques. Malheureusement ces essais n'ont pas amené tous les résultats qu'on pouvait en attendre. Si dans ces dernières années on rencontre des affaires délicates tranchées par des décisions d'arbitres [2], on est aussi dans la douloureuse

---

1. Le Pape Léon XIII cherche à reprendre le rôle de médiateur dans les conflits internationaux. Voyez l'affaire des Carolines.

2. Plusieurs différends ont été réglés dans ces derniers temps par la voie de l'arbitrage ou de la médiation. Citons les principaux :

a/ Les difficultés entre la France et les Etats-Unis pour la réparation de dommages de guerre (1880).

nécessité de constater bien des guerres violentes et injustes.

Le public, il faut l'avouer, paraît peu disposé à encourager les doctrines nouvelles ; il se défie de ces beaux projets et de toutes ces utopies dont il a été souvent la victime. Certains écrivains veulent en un instant détruire un long passé de préjugés et d'erreurs : cette manière d'agir est fâcheuse pour les progrès de la science. On peut dire du monde moral ce qu'un philosophe disait de la nature : *non agit per saltus*. C'est par des transitions lentes et par des réformes successives qu'on arrive à modifier les idées des peuples et à leur faire comprendre les véritables destinées de l'humanité.

A cette heure il appartient aux philosophes et aux hommes politiques de se mettre à la tête de cette grande œuvre. Les uns par leurs travaux, les autres par une sage direction pourront exercer une influence salutaire. Il faut du reste reconnaître que ce double mouvement à la fois scientifique et politique se manifeste de nos jours avec un grand éclat.

---

b/ Les contestations entre la France et le Nicaragua à propos d'une saisie d'armes et de munitions pratiquée contre le capitaine d'un navire français (1881).

c/ Le désaccord survenu entre le Chili et la Colombie à propos de munitions de guerre apportées au Pérou (1881).

d/ Le conflit entre l'Allemagne et l'Espagne au sujet de la prise de possession des Carolines (1885).

Pendant que des jurisconsultes et des publicistes
éminents réunissent en les précisant les règles de
droit international et préparent ainsi le Code qui doit
régir peut-être un jour les diverses nations du
monde[1], les hommes d'Etat s'efforcent d'appliquer
dans la pratique l'arbitrage et les autres solutions
pacifiques.

L'adoption d'un vœu favorable à la médiation lors du
traité de Paris de 1855 et l'heureuse issue du fameux
procès de l'Alabama signalent dans l'histoire du droit
international un grand progrès. Il est aussi important
de remarquer les manifestations considérables et souvent très utiles qui ont été faites dans les assemblées
politiques de divers pays. Dans plusieurs Parlements
d'Europe et d'Amérique on a vu des députés et même
des ministres recommander aux gouvernements les
avantages de l'arbitrage[2]. Quelques traités, grâce à

---

1. Consultez :

Le droit international codifié, par M. BLUNTSCHLI.

Précis d'un Code du droit international, par Alphonse de DOMIN-
PETRUSHEVECZ.

Projet de Code international, par David DUDLEY-FIELD.

2. On peut citer les parlements de la Belgique, des Pays-Bas,
de la Suède, de la Norwège, de la Grande-Bretagne, de l'Italie.

Le Congrès des Etats-Unis a pris à la date du 20 décembre 1882
une résolution par laquelle « le Président des Etats-Unis est au-
« torisé et invité à négocier avec toutes les puissances civilisées
« qui consentiront à entrer en négociations pour l'établissement
« d'un système international, par lequel les questions surgissant

cette heureuse initiative, ont admis la clause com-
promissoire pour le cas où l'interprétation des conventions donnerait lieu à des doutes et à des difficultés [1].

Ces succès obtenus dans ces dernières années doi-

« entre les gouvernements ayant accepté le dit système pour-
« ront être résolues par l'arbitrage et, si possible, sans le recours à
« la guerre. »

Devant le Parlement français, diverses propositions ont été formulées relativement à l'arbitrage international, mais elles n'ont
pas rencontré un accueil très favorable. Nous citerons :

a/ La proposition de résolution tendant à l'amélioration du droit
international, présentée par M. Frédéric Passy à la Chambre des
députés (session ordinaire de 1887).

b/ La proposition de résolution tendant à l'amélioration du droit
international et à la conclusion d'un traité d'arbitrage avec les
États-Unis, présentée par M. Frédéric Passy à la Chambre des députés (session ordinaire 1888).

1. On trouve cette clause dans quelques traités que la France a
signés :

a/ Convention de l'Union postale universelle conclue à Paris le
1ᵉʳ juin 1878.

Art. 17. — « En cas de dissentiment entre deux ou plusieurs
« membres de l'Union, relativement à l'interprétation de la pré-
« sente convention, la question est réglée par un jugement arbi-
« tral. A cet effet, chacune des administrations en cause choisit un
« autre membre de l'Union qui n'est pas directement intéressé
« dans l'affaire. La décision des arbitres est donnée à la majorité
« absolue des voix. En cas de partage des voix, les arbitres choi-
« sissent, pour trancher le différend, une autre administration
« également désintéressée dans le litige. »

b/ Traité d'amitié, de commerce et de navigation entre la
France et la République de l'Equateur, signé à Paris le 12 mai
1888.

Art. 1. — « Dans le cas où un différend de nature à troubler les

vent stimuler le zèle de tous les hommes éclairés, en leur indiquant la véritable voie à suivre. Il s'agit, non pas d'établir la paix perpétuelle, mais d'adopter les arrangements amiables dans tous les différends qui ne mettent pas en question d'une façon évidente l'honneur et la puissance d'une nation. Cette tâche, qui peut sembler modeste aux intrépides novateurs, paraîtra assez belle pour ceux qui tiennent compte des exigences de la vie pratique !

« bons rapports entre les deux pays viendrait à s'élever et ne pour-
« rait être réglé à l'amiable, les hautes parties contractantes sou-
« mettront le litige à une puissance amie, dont l'arbitrage sera
« accepté d'un commun accord. »
Voyez aussi une clause intéressante dans le traité d'amitié, de commerce et de navigation signé le 4 juin 1886 entre la France et la Corée, art. 1 à 12.

TABLE DES MATIÈRES

———

Limoges, imp. Vᵉ H. Ducourtieux, 7, rue des Arènes.

www.ingramcontent.com/pod-product-compliance
Lightning Source LLC
Chambersburg PA
CBHW071650200326
41519CB00012BA/2463